„Quaestor"
Stefan Spiekermann

Aber das tut doch weh!?

Eine „Gebrauchsanweisung"

für einen

alternativen Lebensstil

Bibliografische Information der
Deutschen Nationalbibliothek

Die Deutsche Nationalbibliothek verzeichnet diese
Publikation in der Deutschen Nationalbibliografie; detaillierte
bibliografische Daten sind im Internet über dnb.d-nb.de
abrufbar.

© 2012 tuschekasten.de

Herstellung und Verlag: Books on Demand GmbH,
                            Norderstedt

ISBN 9783848229048

Titelfoto /
Umschlaggestaltung: Stefanie Haas,
                            www.durch-meine-augen.de
Foto Rückseite: Tanja Grede,
                            www.tld-portraits.de
Zeichnungen: J. Czech
Satz und Layout: www.tuschekasten.de

Inhaltsverzeichnis

Ein bisschen (viel) Wissen _____ **57**

Vorwort

Du und ich: Wir sind eins. Ich kann dir nicht wehtun, ohne mich zu verletzen.
Mahatma Gandhi

BDSM ist ein vielfältiges Thema, bei dem es nicht nur darum geht, auf andere Leute draufzuhauen…

Gerade Neueinsteiger haben es schwer, bei der wunderbaren Vielfalt den Durchblick zu bewahren.

Dieses Buch beinhaltet einige nützliche Tipps und Tricks. Es weist auch auf die vielen Gefahren hin, die beim Spielen entstehen können.

Jeder, der sich mehr oder weniger mit dem Thema BDSM beschäftigt, steht am Anfang vor einer schier unendlichen Informationsflut.

Zahlreiche Internetseiten und Bücher beschäftigen sich mit dem teilweise sehr populären Thema.

Unzählige Halbwahrheiten verbreiten sich unter den Möchtegern-BDSMlern und bringen (noch) ahnungslose aber interessierte Menschen in Gefahr.

Gerade wenn man BDSM ausleben möchte, sollte man über einige Sichheitsvorkehrungen informiert sein.

Durch seine jahrelange Erfahrung im Bereich BDSM und seine Arbeit als Psychotherapeut und im Rettungsdienst weiß Stefan, wovon er redet - auch wenn er gerne mal liebevoll „mein Sicherheitsfanatiker" genannt wird.

Um keine bösen Überraschungen zu erleben, sollte man sich der Gefahren immer bewusst sein.

Natürlich sollte dabei der Lust- und Spaßfaktor nicht zu kurz kommen, deswegen berichtet Stefan mit viel Humor von seinen Erfahrung mit der Welt der vermeintlichen „Perversen und Verrückten" und räumt mit dem ein oder anderen Vorurteil einer mittlerweile gar nicht mehr so kleinen Randgruppe auf.

J.Czech

Einleitung

Es bedarf nur eines Anfangs, dann erledigt sich das Übrige.

Sallust, Der Catilinatische Krieg

Ich habe diesem Buch den Untertitel „Gebrauchsanweisung" gegeben, dies ist vielleicht etwas missverständlich: Ich sehe es eher wie ein Kochbuch: Eine Sammlung von Gedanken und Anregungen zur Zubereitung einiger schmackhafter Leckereien. Genauso, wie in Deutschland nahezu jede Familie ihr eigenes Rezept für Kartoffelsalat hat, möchte ich auch jedem seine eigene Meinung zubilligen.

Nur weil ich meine Pfanne zum Braten benutze, heißt das nicht, dass es jeder so machen muss. Der eine oder andere wird seine Bratpfanne vielleicht einsetzen, um Nägel in die Wand zu schlagen oder um die kleine interne Familienauseinandersetzung zu klären.

Wir sind alle Individuen und haben unterschiedliche Auffassungen, Ansichten, Vorlieben und Abneigungen. Diese Tatsache zu würdigen halte ich für sehr wichtig, ich werde auch später im Kapitel „Die wunderbare Vielfalt" noch genau darauf eingehen.

Ich möchte Euch hiermit einen kleinen „Werkzeugkasten" an die Hand geben, Euch einen Einblick in *meinen Weg* und *meine Sichtweisen* vermitteln und vielleicht bei dem einen oder anderen Leser Neugier wecken.

Noch ein Wort zur Grammatik: Ich habe das Lesen und Schreiben in einer Zeit gelernt, in der es üblich war „Leser" zu sagen und nicht „Leserinnen und Leser" oder gar das von mir absolut verabscheute „LeserInnen". Gegen derartige grammatikalische Neuschöpfungen hege ich eine Aversion und werde sie daher auch nicht verwenden. Wenn ich „Leser" sage, dann meine ich jegliche des Lesens kundige Person, egal welches körperliche oder seelische Geschlecht diese Person innehat.

Wie kommt man dazu, sich mit dem Thema BDSM zu befassen? Und was sind das überhaupt für Leute, die Spaß daran haben, sich gegenseitig zu verhauen? Menschen, die sich nicht mit dem Thema befassen (von BDSM-Anhängern liebevoll-ironisch Stinos[1] oder Vanilla[2] genannt), fällt es oftmals schwer, zu verstehen, wie „jemand es genießen kann, grün und blau geschlagen zu werden" oder „auf Knien herumzurutschen ohne den Boden zu wischen".

---

[1] Abkürzung für stinknormal.
[2] Weil Vanille die am weitesten verbreitete Eissorte ist.

Solche Ansichten sind oft von den Extremen geprägt:

Nicht jeder, der auf BDSM steht, mag die Extreme. In kaum einer anderen sexuellen Spielart redet man so viel miteinander, nirgendwo sonst spielt *Respekt* eine so große Rolle.

Da fällt auch sehr leicht das Reizwort „pervers". Eine populäre Definition dieses Begriffes besagt: „Pervers ist, wenn man keinen mehr findet, der mitmacht." Ich halte mich da gerne an die Devise Friedrichs des Großen, nach der jeder nach seiner Fasson selig werden soll.

Auch ich habe schon beim Anblick von Spuren den Gedanken gehabt, dass mir manche Spielarten zu extrem sind. Diese Bilder sind jedoch wie vieles andere in der Medienwelt nach ihrer Schockwirkung ausgesucht. Sicher, manche stehen auf Extremes, und wenn sie es mögen, ist es nicht meine Aufgabe, das zu beurteilen.

Ich möchte hierzu noch ein weiteres Beispiel ins Feld führen: Meine beste Freundin kam einmal zu mir und sah so aus, als hätte sie eine heftige Auseinandersetzung hinter sich, bei der sie offensichtlich nicht gewonnen hatte. Was war passiert?

Sie hatte sich nicht geprügelt, sie ist auch keine Anhängerin sadomasochistischer Sexualpraktiken, sie hatte lediglich mit ihrer Katze gespielt. Daher die zahlreichen, teilweise recht böse aussehenden, Schürf- und Kratzwunden.
Von einer Aggression gegenüber der Verursacherin der Verletzungen war nichts zu spüren.

Von früher weiß ich noch, mit welchem Stolz ich meine Narben getragen habe, jeder blauer Fleck war ein Zeichen dafür, dass ich wieder viel erlebt habe, hätte man damals Fotos von meinen Beinen gemacht, hätte das vielleicht auch extrem ausgesehen. Das Strahlen in meinem Gesicht wäre natürlich auf diesen Bildern nicht zu sehen gewesen.

Die entscheidende Frage, die sich für mich stellt, ist daher nicht, wie blau gefärbt ist der Hintern, sondern wie zufrieden ist der Mensch, dem der Hintern gehört.
Nicht umsonst ist die Definition eines Sadisten: „Jemand, der gut zu Masochisten ist."

Genauso wie es beim Essen die Geschmacksrichtung „scharf" eigentlich nicht gibt (denn als „scharf" empfinden wir ein gewisses Schmerzempfinden - was ich meine weiß jeder, der es schon einmal mit dem Sambal Oelek übertrieben hat), gibt es auch bei anderen Dingen einen als lustvoll empfundenen Schmerz,

der der Situation und dem Adrenalin das unser
Körper ausschüttet geschuldet ist.
Manche Dinge, die mit Schmerzen verbunden sind,
sind auch ein Zeichen dafür, dass man etwas
„geschafft" hat. Jedes Piercing ist ein Beweis dafür,
Menschen mit Tattoos wissen auch ein Lied davon
zu singen. In dem Tattoo- und Piercingstudio, das
ich regelmäßig aufsuche, hängt direkt im Eingang
ein Schild mit der Aufschrift „Ja, es tut weh!".

Eine häufige Reaktion, die man als
Körperschmuckträger öfter erlebt, ist die Frage
„Tut das nicht weh?" (die Durchbohrten und
dauerhaft bemalten unter Ihnen werden mir sicher
zustimmen.), meine Antwort darauf ist meist „Ja,
aber das gehört dazu!".
Natürlich ist die Schnittmenge zwischen
Körperschmuck und BDSM nicht
notwendigerweise vorhanden, aber einige der
Reaktionen sind gleich.
Adrenalin wird ausgeschüttet, Endorphine
belohnen das Ergebnis, Spuren sind sichtbar.

Grundsätzliches: Neigungen und Vorlieben

An dieser Stelle sei noch einmal klargestellt: Jeder Mensch ist ein Individuum. Trotzdem gibt es verschiedene Neigungen und Vorlieben,

die in Kombination vorhanden sind und einen Teil der Persönlichkeit bilden.
Die vier Grundcharakteristika beim BDSM sind daher im Folgenden erläutert.

Dominant

Eine dominanter Mensch kennt die Macht, die ihm verliehen worden ist. Er genießt es, diese Macht zu benutzen ohne sie zu missbrauchen. Macht und Verantwortung bilden immer eine Allianz. Eine dominante Person ohne Verantwortung bezeichne ich als Tyrann.

Devot

Eine devote Person ist nicht etwa jemand, der sich nicht durchsetzen kann. Devot ist, wer bewusst darauf verzichtet,

Dinge zu bestimmen, die er bestimmen könnte. Die Unterwerfung unter den Willen eines anderen ist ein bewusster Akt, der einiges an Mut erfordert. Eine devote Person ohne diese bewusste Unterwerfung bezeichne ich als Unterdrückten.

Sadistisch

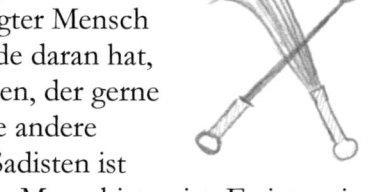

Vereinfacht gesagt ist ein sadistisch veranlagter Mensch jemand, der Freude daran hat, jemanden zu quälen, der gerne gequält wird. Eine andere Definition eines Sadisten ist jemand, der gut zu Masochisten ist. Es ist eminent wichtig, dass sich dieses Handeln im Kontext eines gegenseitigen Einverständnisses vollzieht. Eine Person, die jemanden quält, wenn nicht gequält werden möchte bezeichne ich als Psychopathen.

Masochistisch

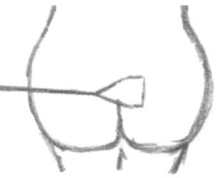

Eine masochistische Person hat Freude daran, im erotischen Kontext von einer sadistischen Person gequält zu werden. Dieses Quälen kann sich auf verschiedene Arten und Weisen zeigen, für viele ist es auch eine besondere Art der Folter, wenn sie festgebunden und gekitzelt werden.

Wichtig ist eine Kopplung von Qual und Befriedigung. Eine Person, bei der diese Befriedigung ausbleibt bezeichne ich als Opfer.

Sicherheit, Sicherheit, Sicherheit

Was ich anbiete ist Sicherheit und Respekt. Das klingt nicht sehr aufregend, aber vielleicht ist es besser als Leidenschaft.

Graham Greene, Der stille Amerikaner

Bei allem was das Spielen[3] angeht steht Sicherheit an oberster Stelle. Wer den „worst case" studieren will, dem empfehle ich das Buch „Das Spiel" von Stephen King. Dort geht es um ein Fesselspiel mit Handschellen, das gründlich schiefgeht.

In einer Situation, in der zwei Menschen alleine miteinander sind, wobei einer gefesselt und somit wehrlos ist, ist es besonders wichtig, Sicherheitsvorkehrungen zu treffen.
Diese sollen es ermöglichen, den gefesselten Partner schnell zu befreien oder dafür zu sorgen, dass er sich selber befreien kann. Ich empfehle dafür die Verwendung von Panikhaken, die lassen sich auch unter Belastung leicht öffnen.

---

[3] Wenn sich BDSMler als solche miteinander beschäftigen wird das als „spielen" bezeichnet, angesichts der vielen verschiedenen Spielarten eine sehr umfassende und doch präzise Beschreibung.

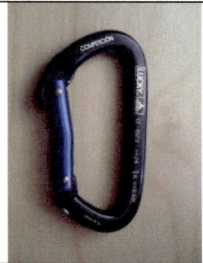	
Kletterhaken, belastbar und leichtgängig, ohne scharfe Kanten, unter Belastung nicht zu lösen	Karabinerhaken, für Fesselspiele ungeeignet, da unter Belastung nicht zu lösen

Verriegelbarer Haken aus Edelstahl, nur geeignet um Dinge zu befestigen, die nicht unter Stress gelöst werden müssen.	Leichter Aluminiumhaken aus dem Baumarkt, preiswert, bunt und nicht geeignet für große Belastung.

Panikhaken, unverzichtbar bei Fesselspielen, kann auch zwischen die anderen Haken und Ösen gesetzt werden.

	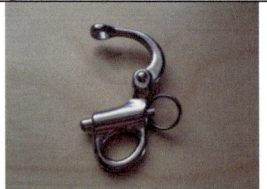
Durch den Zug am kleinen Federstahlring öffnet sich der Haken auch unter voller Belastung	Durch Befestigen einer kleinen „Reißleine" kann man Fesselungen so einrichten dass die gefesselte Person sich im Notfall selber befreien kann.

Bei der Vielzahl von Spielmöglichkeiten kann ich hier nicht alle potentiellen Sicherheitsvorkehrungen aufzählen. Man sollte sich nur immer vorstellen, dass auch Dinge schiefgehen können und für diesen Fall immer einen Plan haben. Zu einer Fesselung mit Ketten gehört also ein Panikhaken, wenn man jemanden mit Frischhaltefolie fesselt, sollte eine Verbandschere[4] bereitliegen.

Jede Situation erfordert ein Andenken eines „Worst-Case-Szenarios", um im Bedarfsfall angemessen reagieren zu können.
Also tut Euch und Eurem Partner den Gefallen, im Vorfeld zu überlegen, was passieren könnte.
So vermeidet Ihr interessante Unfallberichte und Schlimmeres.

Trotzdem ist es natürlich auch von Vorteil, wenn man einen Erste-Hilfe-Kurs absolviert hat und diesen auch beizeiten erneuert bzw. auffrischt. Dies ist natürlich auch für Nicht-BDSMler empfehlenswert.

---

[4] Eine Verbandschere hat ein abgeflachtes, stumpfes Ende, das leicht zwischen Verband und Haut gleitet ohne die Haut zu verletzen.

Covern

Eine weitere Maßnahme, derer man sich auf jeden Fall bedienen sollte, wenn man sich mit Personen trifft, die man nicht kennt, ist das so genannte covern.

Natürlich gilt das nicht nur für Kontakte mit BDSMlern, sondern auch für andere Blind Dates.

Wie funktioniert das?

Man bittet eine außenstehende Person, zum Beispiel den besten Freund oder die beste Freundin, das Date aus dem Hintergrund zu „überwachen". Dazu vereinbart man, dass zu bestimmten Zeiten, beispielsweise zur jeweils vollen Stunde, Kontrollanrufe stattfinden. Dies sollte so erfolgen, dass man einen Code ausmacht, um mitzuteilen, ob alles in Ordnung ist oder ob Hilfe benötigt wird. Passenderweise sollte es sich dabei um Worte handeln, die man im normalen Gespräch gut verwenden kann und deren Bedeutungen dem Gegenüber unbekannt sind. Auf die Frage „Wie geht's dir?" sollte die Antwort lauten: „Gut geht's!" Bei der Antwort: „Alles bestens!" stimmt irgendetwas nicht und der Coverpartner soll Hilfe rufen.

Je individueller diese Absprache ist desto besser funktioniert sie.

Die Person, die mich covert, erhält dabei möglichst viele Informationen über die Person, mit der ich mich treffe. Adresse, Telefonnummer, Nickname im Internet und die Internetseite, Treffpunkt, Uhrzeit, Autokennzeichen usw.

Die Tatsache, dass man sich covern lässt, kann auch sehr gut im Vorfeld mit angesprochen werden. Jemand mit einem gesunden Gefühl für Sicherheit und einem ausgeprägten Verantwortungsbewusstsein wird dies verstehen oder es sogar selber empfehlen.

Verschiedene Internetseiten, BDSM-Communities und Gruppen bieten auch Hilfe, dort findet man auch Coverpartner, die einspringen, wenn keine Freunde dafür zur Verfügung stehen.

Das Patensystem

Eine weitere Möglichkeit, die Sicherheit zu erhöhen ist das Patensystem. Dabei geht es einfach darum,

 dass eine zuverlässige Person beim Spielen dabei ist, sich im Hintergrund hält, bei Gelegenheit jedoch eingreifen kann. Im Idealfall sollte dies jemand sein, der sich mit BDSM und Erster Hilfe auskennt.

In der Swinger-Szene hat sich ein solches Patensystem schon etabliert, dort gibt es viele, die anbieten, „Neulinge" bei ihren ersten Erfahrungen oder Clubbesuchen zu begleiten.

Gegenüber den anderen Partygästen erscheint man dann nicht so unwissend, hat einen kompetenten Fragenbeantworter an der Seite und kann sich das ganze einmal aus der Nähe ansehen.

Ein ähnliches System gibt es auch im BDSM, hier wird man als „Neuling" auch auf den meisten Stammtischen gut informiert und hat die Möglichkeit, sich einen „Paten" für erste Schritte in diese neue Welt zu suchen.

Ein Wort zum Safeword

Diejenigen, die bereit sind grundlegende Freiheiten aufzugeben, um ein wenig kurzfristige Sicherheit zu erlangen, verdienen weder Freiheit noch Sicherheit.
Benjamin Franklin

Ein Safeword ist ein Wort, das im Vorfeld zwischen den Spielpartnern vereinbart wird, um in der Spielsituation einen Notfall deutlich als solchen erkennen und sofort Hilfemaßnahmen einleiten zu können.

Der Situation angemessen sollten das natürlich keine Worte sein, die im Spiel ohnehin fallen. „Autsch!", „Nein!" und „Bitte nicht!" sind daher als Safeword denkbar ungeeignet. Zu komplizierte Safewords sind zu vermeiden, also nicht „Banane" rückwärts oder „Donaudampfschifffahrtsgesellschaftskapitänswitwe".

Mögliche Safewords sind so beschaffen, dass sie nicht „zufällig" fallen, so etwa beispielsweise „Pyramide", „Nordstern", „Butterbrot" oder „Stop!". Eine weitere Möglichkeit ist zum Beispiel das sogenannte Ampelsafeword, da man damit sehr gut das Spiel beeinflussen kann.

„Grün" steht dabei für „ich fühle mich gut, mach ruhig so weiter", „Gelb" bedeutet „bitte etwas langsamer/etwas weniger heftig" und „Rot" ist das eigentliche Safeword. Bei „Rot" wird das Spiel sofort abgebrochen, die Sub befreit und gegebenenfalls weitere Hilfemaßnahmen eingeleitet.

Besonderheit des Safewords sollte sein, dass es keine negativen Auswirkungen auf die Beziehung hat, man darf also nie den Gebrauch des Safewords an die Fortführung der (Spiel)-Beziehung als solche koppeln.

Wenn Sub das Safeword benutzt ist das wie eine Krankmeldung im Arbeitsverhältnis, es geht, nur nicht zu dem Zeitpunkt.
In den meisten Fällen wird Sub das Safeword nicht missbrauchen, denn es hat ja auch einen Anreiz, das Spiel durchzuhalten.

Doms, die ohne Safeword spielen *wollen*, haben in meinen Augen Verachtung verdient. Sicher ist es in einer gut eingespielten Dom/Sub-Beziehung so, dass das Safeword selten benutzt wird und der Dom auch so erkennt, wie es seiner Sub geht.
Das Safeword ist jedoch der „Fallschirm" und gehört zu jedem „Sprung" dazu!
Eine Spielbeziehung ist nun mal kein Selbstmordpakt.
Auch das Argument, ein Safeword würde den Dom dazu verführen, die Sub nicht genau zu beobachten ist Unsinn. Genauso könnte man behaupten, Sicherheitsgurte wären unnütz, man könnte ja auch vorsichtig fahren. Die Friedhöfe sind voll von solchen Intelligenzallergikern.
Wenn jemand Freude daran hat, gefesselt auf einem Bein stehend nahezu schwebend in der Luft hängend dem anderen ausgeliefert zu sein dann kann ein Wadenkrampf dies in einen Alptraum verwandeln.

Es ist unsinnig, so etwas nicht zu beachten, und für das Spiel und die Beziehung ist es auch nicht empfehlenswert.

Wer darf das Safeword benutzen?

Meine Auffassung unterscheidet sich auch in diesem Punkt von verbreiteten Ansichten.

Ich finde, auch ein Dom soll ein Safeword benutzen können um eine Session zu unterbrechen. Nicht nur eine Sub kann abstürzen[5], auch ein Dom kann seine Souveränität verlieren oder kann in eine Lage kommen, in der der Kopf nicht frei ist.

Auch er muss dann die Möglichkeit haben, sich aus der Situation herauszuziehen, ohne dass Sub das Gefühl vermittelt wird, etwas falsch gemacht zu haben.

Natürlich kann er auch so das Spiel beenden, doch mit Safeword ist es für alle Beteiligten angenehmer. Gleichzeitig sinkt die Hemmschwelle, das Safeword zu benutzen. Es ist ähnlich wie bei einem Notruf: Hat man erst mal gemerkt, dass es nicht so schlimm ist, aus einem berechtigten Grund die Feuerwehr anzurufen, fällt es beim nächsten Mal viel leichter.

---

[5] Ein Absturz ist die Situation, in der alles schief geht, die Session sich in etwas verwandelt, in dem nichts mehr möglich ist. Vergleicht man ein Spiel mit einer „normalen" sexuellen Erfahrung ist es wie wenn plötzlich die Schwiegermutter klingelt.

International hat sich „Mayday" als Safeword auf Partys durchgesetzt, außerdem ist bei Spielarten, die Sprechen nicht ermöglichen, ein dreimaliges Signal als Abbruchcode üblich[6].

Es gibt auch die Möglichkeit, ein Signal zu vereinbaren, dessen Ausbleiben zum sofortigen Abbruch des Spiels führt. Dieses Signal sollte deutlich genug sein, so dass es keine Verwechslung geben kann.

Möglich ist es auch, der Sub einen Gegenstand zum Halten zu geben, den sie leicht festhalten kann ohne zu verkrampften, aber auch gefahrlos fallen lassen kann, wobei eine deutliche Geräuschentwicklung beabsichtigt ist.

Das könnte eine Blechtasse sein, ein Glöckchen oder etwas Ähnliches[7].

In meiner „Spielzeugkiste" ist dafür ein Satz Trainingsdiscs aus dem Zoofachhandel.

Das sind kleine Metallscheiben, die auf einen Schlüsselring aufgefädelt sind.

Beim Schütteln oder Fallenlassen erzeugen diese ein charakteristisches Geräusch und sind so auch gut von einer geknebelten Sub zu benutzen.

---

[6] Das dreimalige Signal ist eine Anlehnung an das gemorste SOS (kurz-kurz-kurz, lang-lang-lang, kurz-kurz-kurz). War das jetzt wichtig?

[7] Merke: Handgranaten sind hierfür denkbar ungeeignet! „Bumm" ist kein Safeword! Außerdem: Wer hört das dann noch?

Bei der Verwendung sollte man allerdings darauf achten, dass man keinen Hund hat, der auf diese Discs konditioniert ist, denn sonst hat man im Verwendungsfall eine Sub, die losgebunden werden möchte und Max will Leckerchen...

Wie die Spreu vom Weizen trennen?

Es gibt amüsantere Dinge, als Leute zu verhauen.
Muhammad Ali[8]

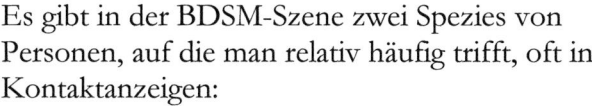

Es gibt in der BDSM-Szene zwei Spezies von Personen, auf die man relativ häufig trifft, oft in Kontaktanzeigen:

Da ist zum einen der sogenannte *DummDom*, das Gegenstück gibt es auch: Die *DummSub*.
Der DummDom zeichnet sich dadurch aus, dass er schon einmal davon gehört hat, dass es eine sexuelle Spielart gibt, bei der die Frau tut, was er will. Möglicherweise hat er bereits einmal einen Film gesehen, in dem eine Frau gefesselt wurde.

---

[8] „Ja, verhauen zu werden."(Zitat: Die Liebste)

Diese Vorstellung hat ihn so sehr begeistert, dass er unbedingt Erfahrungen auf diesem Gebiet sammeln möchte. Weil er ein Mann ist (in den meisten Fällen), kann er natürlich nicht zugeben, dass er wenig Wissen besitzt und entscheidet sich daher für die Variante, das Wissen vorzutäuschen. In der sicheren Gewissheit, dass eine Frau sowieso nicht versteht, was „Abseits" ist, versteckt er die eigene Unwissenheit hinter einer vorgespielten Dominanz.

Die Interessen des DummDoms liegen oft im Gedanken an die „gute alte Zeit", in der die Frau noch wusste, wo ihr Platz ist und keine eigenen Ansprüche stellte.

Der DummDom kennt sich nicht beim Thema Sicherheit aus (er ist daran leicht zu erkennen), er betont gerne seine Dominanz und zeigt dabei eine erfrischend komische Selbstüberschätzung.

Von der Verwendung eines Safewords hat er entweder noch nicht gehört oder er lehnt dieses ab, weil er ja so wahnsinnig dominant und allwissend ist. Die Lieblingsphantasie des DummDom ist es, auf der Couch zu sitzen, und von seiner Sub die Pantoffeln gebracht zu bekommen.

Während sie ihm Essen - oder wahlweise auch Chips und Bier - reicht, erfreut er sich daran, die Sportschau zu sehen.

Sexuell sind seine Vorlieben sehr einseitig, natürlich sieht er ein, dass eine Sub gefesselt werden muss. Er nutzt daher vorzugsweise Handschellen, da sie billig und einfach zu bedienen sind (es kommt schon mal vor, dass er den Schlüssel verliert, aber er ist ja schließlich auch Heimwerker und kann die Handschellen im Notfall ja aufflexen, natürlich erst wenn die Sportschau vorbei ist).

Die Frau muss ihn befriedigen, er hingegen sieht diese Verpflichtung ihr gegenüber nicht.

Idealerweise hat sie ihn oral zu befriedigen, gerne auch während der Sportschau. Wenn sie dabei nicht gut ist kann er sie ja auspeitschen.

Dieses Bild ist natürlich ein wenig überzeichnet, aber wer sich ein wenig im Internet bewegt hat, wird schon häufiger auf diese Spezies getroffen sein.

Die DummSub ist etwas anders gestrickt: Meist ist sie wesentlich jünger, oftmals unerfahren und ihr Interesse besteht darin, durch die Tatsache dass sie gefesselt wird, ihre Passivität auszuleben.

Normalerweise würde sie sich sowieso nicht viel bewegen, da sie jedoch gefesselt ist, ist dies auch nicht notwendig.

In Anzeigen zeigt sich sehr gerne übertrieben devot, bringt auch ziemlich schnell die Rede auf 24/7[9]. Sie möchte sich bespaßen lassen und blendet die Konsequenzen gerne aus.

Die DummSub ist wesentlich seltener, wird jedoch auch gelegentlich im Internet angetroffen.

Ich möchte in diesem Buch keinesfalls Leute verunglimpfen und unterstelle niemandem, zu einer der genannten Spezies zu gehören. Und wenn doch: Kauft dieses Buch, zum Lernen ist es nie zu spät. Oh, ihr habt es schon gekauft? Gut!

Gerade wenn man miteinander spielt, ist das Vertrauen unerlässlich. Viele Spielarten sind sowieso am schönsten, wenn man sie gemeinsam entdeckt. Diejenigen, die nicht in einer gefestigten Beziehung sind und neben der Suche nach einem neuen Partner oder eine Partnerin auch ihre Interessen oder Leidenschaften im Bereich BDSM unter einen Hut bringen müssen, sind mit vielfältigen Problemen konfrontiert:
Man muss nicht nur einen Partner finden, sondern es muss auch von den Vorlieben her passen.

---

[9] 24/7 oder auch TPE (Total power Exchange) steht für 24 Stunden am Tag und sieben Tage in der Woche, dabei übergibt die Sub die totale Kontrolle an den Dom, dieser bestimmt nicht nur über ihre Sexualität sondern über ihr gesamtes Leben.

Die Neigungen sollten sich ergänzen (wenn beide dominant sind wird es problematisch). Dann muss man auch noch den richtigen Zeitpunkt finden, um seine Vorlieben zu erwähnen.

Denkbar ungünstig ist so etwas zum Beispiel beim Speeddating:

„Ich heiße Stefan, bin selbstständig, schreibe Bücher und peitsche gerne Frauen aus…" das ist dann der Moment wo - wie in der Talkshow - der Buzzer losgeht.

So schaut man sich lieber vorher im Internet um und trifft auf DummDom und DummSub.

Wenn es Euch auch so geht, dann möchte ich Euch als Rat mit auf den Weg geben:
Lasst Euer Gehirn eingeschaltet, sprecht das Thema Sicherheit an, und wenn Ihr den Eindruck habt, dass Euer Gegenüber mehr Wollen als Wissen aufweist und beim „Safeword" nur Fragezeichen in den Augen hat: Sucht weiter!

Den Eindruck, ein DummDom zu sein kann man vermeiden, indem man sich nicht für kompetenter ausgibt als man ist. Bescheidenheit ist auch hier eine Tugend, die nicht zu verachten ist.

Es gilt also der Grundsatz von Dieter Nuhr:
„Wenn man keine Ahnung hat: Einfach mal Fresse halten!"

Nomen est Omen

Das Selbstverständnis, das ein Dom an den Tag legt, zeigt sich - dies ist wieder nur meine persönliche Ansicht, allerdings wohl fundiert durch zahlreiche Erfahrungen - auch in der Weise, wie er sich selber bezeichnet.

Da wird dem Namen gerne ein „Sir", „Meister" oder „Lord" vorangestellt. Diese „Kampfnamen" dienen oft dazu, den Wissensstand des DummDoms zu verschleiern. So ein „Dömchen" bezeichnet sich gerne als „Meister", auch wenn er meist nicht viel mehr als diffuse Wünsche hat, die von keinerlei Sachkenntnis getrübt sind.

Ich habe in meiner „Laufbahn" immer vermieden, die Bezeichnung „Meister" zu verwenden, einerseits, weil ich als Fachkraft eines handwerksähnlichen Berufes zu viel Respekt davor habe, andererseits weiß ich von vielen Dingen zu wenig, um mich auf so ein hohes Podest zu stellen. Denkbar wäre die Bezeichnung „Geselle", doch die wirkt komisch. Als Titel habe ich daher für mich „Quaestor" gewählt. Dieses Amt bezeichnete im römischen Reich den Untersuchungsrichter, denjenigen, der nach Wissen strebt, Fragen hat und Fragen stellt.

Für mich ist das ein erstrebenswerter Titel.

Viel besser als das „Ich-weiß-alles-Gehabe".

SSC - der Heilige Gral des BDSM

Wo das Bewusstsein schwindet, dass jeder Mensch uns als Mensch etwas angeht, kommen Kultur und Ethik ins Wanken.
Albert Schweitzer

Die BDSM-Szene hat eine Art „eigener Ethik" entwickelt, deren Kern mit SSC abgekürzt wird.

SSC steht für „Safe, Sane and Consensual", also „sicher, gesund und einvernehmlich".

Immer wieder gibt es eine Reihe von Diskussionen im Internet und in verschiedenen Foren, weil jeder eine unterschiedliche Vorstellung von der Bandbreite des SSC hat.
In der ursprünglichen Bedeutung stand „Safe" für das Prinzip des Safer Sex zum Schutz vor AIDS und anderen Geschlechtskrankheiten.
Später wurde es auch auf den Bereich der technischen Sicherheit erweitert.
Es geht um den Schutz vor körperlichen Schäden und seelischen Verletzungen.

„Sane" bezieht sich auf das vernünftige, zurechnungsfähige, normale und geistig gesunde Handeln.

„Consensual" bedeutet einvernehmlich, einwilligend, auf gegenseitiger Zustimmung beruhend.

Damit ist gemeint, dass alle Handlungen, nicht nur die rein sexuellen auf Basis eines gegenseitigen Einvernehmens geschehen.

Dies sollte eigentlich auch in „normalen" Beziehungen eine Selbstverständlichkeit sein.

Kritikpunkte

Gerade die Bedeutung des „normalen" stellt für viele Kritiker des Konzeptes SSC einen großen Reiz dar. „Normal" ist eben nicht das, was dem Selbstverständnis der meisten BDSMler entspricht.

Ein konkurrierendes Ethik-Konzept wird mit RACK abgekürzt und steht für „risk aware consensual kink", frei übersetzt also „einvernehmliche Abartigkeiten im Bewusstsein des Risikos".

Egal ob man sich als normal versteht oder als abartig (was in diesem Fall ein Reizwort ist, um sich von den anderen abzugrenzen), der Kern all dieser ethischen Konzepte basiert auf Respekt, Vertrauen, Kommunikation, aufeinander eingehen und sich bewusst sein, dass es mehr Gefahren gibt als beim Blümchensex[10].

Ob man das Konzept für übertrieben moralisch oder für weich gespült hält:
Nach meiner Auffassung kann man SSC durchaus interpretieren.

Im Kern bleibt es so wichtig, dass die Bezeichnung „der Heilige Gral des BDSM" angemessen ist.

Sicher bedeutet für mich, zu wissen, was ich tue. Spielzeuge, die ich verwenden möchte, muss ich in ihrer Wirkung kennen und im Idealfall selber ausprobiert haben (Idealfall deshalb weil manche Spielzeuge nicht so leicht zu testen sind. Man denke dabei nur an eine Bullwhip von mehreren Metern Länge, damit muss man erst einmal umgehen können, und es ist unmöglich, die alleine zu testen. Einen Flogger oder ein Paddel kann ich leicht an eigenen Armen oder Beinen testen...).

---

[10] Blümchensex ist die Bezeichnung für sexuelle Aktivitäten ohne BDSM-Elemente. Entgegen der landläufigen Vorstellung sind auch BDSMler in der Lage, gewaltlos miteinander zu kopulieren.

Bei Dingen, mit denen ich mich nicht auskenne, muss ich souverän genug sein, mir das fehlende Wissen von denen zu holen, die es haben.
Besser fragen als Subbie „beschädigen"!

Gesund bedeutet für mich eine Einstellung, in der ich das Wohlbefinden aller Spielteilnehmer im Blick habe. Ich muss die Grenzen kennen. Ich muss wissen, welches *meine* Grenzen sind, welches *die Grenzen meiner Sub.*

Außerdem muss ich wissen, welche dieser Grenzen unverrückbar sind und welche dazu da sind, nach und nach ausgetestet, herausgefordert und weiter herausgeschoben zu werden.
Ich höre lieber bei mehreren Spielen hintereinander den Satz: „Ich hätte es mir schlimmer vorgestellt..." als einmal: „Nie wieder!"

Einvernehmlich bedeutet für mich, gemeinsam eine grundsätzliche Einigkeit herzustellen, über das, was beide wollen. Eine Sub begibt sich in die Hände eines Dom, weil sie sich aus freien Stücken dazu entscheidet.
Als Dom möchte ich keine Sub, die nicht aus freiem Willen vor mir niederkniet, ich möchte eine Frau mit Rückgrat, kein Mäuschen.

Die Einvernehmlichkeit besteht für mich auch darin, Dinge im Vorfeld zu klären, Tabus zu respektieren und die Richtung gemeinsam zu bestimmen. Die Richtung muss stimmen, den konkreten Weg jedoch bestimmt der Dom.

Den Kritikern, die jetzt einwenden, man könne nicht von einvernehmlich sprechen, weil die Sub keinen Einfluss auf den Weg hat, kann ich nur entgegnen: Die Einvernehmlichkeit ist da, denn das Ziel ist einvernehmlich festgelegt worden, ein Spiel ist jedoch kein Ikea Möbel, bei dem es zwingend notwendig ist, sich Schritt für Schritt an die Gebrauchsanweisung zu halten.

Outing

Sensiblere Naturen als ich hätten sich jetzt wahrscheinlich mit dem Fön in die Badewanne gelegt. Was soll's. Morgen werden sie eine andere Sau durchs Dorf treiben.

Hape Kerkelings Reaktion auf das Presseecho nach dem Outing als Homosexueller durch Rosa von Praunheim

Irgendwann kommt natürlich auch der

Moment, in dem man sich gegenüber von Freunden oder Familie outen muss oder möchte[11].

Im Gegensatz zum homosexuellen Outing ist das beim BDSM anders, da es sich meist um eine Ergänzung zur heterosexuellen Sexualität handelt und nicht um eine Alternative.

Beim Outing gibt es den Unterschied zwischen dem inneren und dem äußeren Outing.
Das innere Outing ist der Moment, in dem man für sich selber erkennt, dass man „anders" ist. Oftmals ist dieser Übergang fließend, irgendwann kommt der Punkt, an dem man erkennt, dass es nicht nur um einen Klaps auf den Po geht, sondern dass bereits mehr dahinter steckt.
Bei war dies der Fall, als ich eingesehen habe, dass ich meine „Spielzeugsammlung" nicht nur aus Neugier habe.
Wenn man anfängt, Flogger, Handfesseln, Klemmen und andere Sachen zu basteln, wenn man ein neues Bett gedanklich darauf überprüft, wie geeignet es ist, um jemanden daran zu fesseln, dann weiß man, dass es sich nicht mehr nur noch ums Ausprobieren handelt.
Von diesem Moment an bis zum gemeinsamen Spielen hat es dann zwar noch eine Weile gedauert, aber der Grundstein war gelegt.

---

[11] Zum Beispiel wenn blaue Flecken an Stellen auftauchen, an denen sie sonst nicht sind.

Für mich bestand nur eine Befürchtung:
Was würde passieren, wenn ich dieser „dunklen Seite" ihn mir die Möglichkeit geben würde, sich zu zeigen? Würde diese „dunkle Seite" die Macht übernehmen? Aus diesem Grund habe ich mich lange mit der praktischen Umsetzung schwergetan.

Der zweite Schritt nach dem inneren Outing ist dann das äußere Outing, bei dem man die Umwelt informiert. Freunde, Familie, das persönliche Umfeld wird informiert. Vielleicht haben sie sich sowieso schon darüber gewundert haben, warum man so viele stabile Haken in Wänden und Decke hat und keine einzige Blumenampel.

Ein ganz besonderer Moment ist das Outing nach außen im familiären Kontext, zum Beispiel gegenüber der Familie der Partnerin.

Da kommen dann oftmals die Schockmomente „Sie hat jetzt einen neuen Freund" und „Sie lässt sich gerne verhauen" zusammen.
Im Kontext mit den gängigen Vorurteilen und einem „gesunden Halbwissen" wird dann sehr vieles falsch verstanden.

Allen potentiellen Schwiegermüttern sei hier gesagt: Nein, wir sind nicht krank! Es ist zwar richtig, dass es für Sadomasochismus eine Codierung in der ICD-10 gibt (F65.5 Sadomasochismus), doch diese Klassifikation gilt nur da als krankhaft, wo die „normale" Sexualität gestört oder ganz verdrängt wird und eine Befriedigung nur noch mit BDSM-Praktiken erreicht wird.

Als Argument bietet das auch einen gewissen Zündstoff, denn wer sagt schon gerne seiner potentiellen Schwiegermutter:
„Keine Sorge, wir verhauen uns zwar, aber wir schlafen auch ganz normal miteinander."
Dieses Gespräch könnte schwierig werden…

Mein Outing

An dieser Stelle möchte ich dann auch mal von meinen ersten Schritten in der Welt des BDSM berichten.

Ein Interesse hatte ich schon länger, habe dann auch eine Seminararbeit über BDSM geschrieben und schließlich gemerkt, dass es nicht reicht, sich dem Thema nur theoretisch zu nähern.
Wie viele andere bin auch ich von literarischen Vorlagen beeinflusst worden, das ist auch gut so, denn in der Abgrenzung - in dem Raum zwischen Buch und ich - kann ich meinen eigenen Weg finden. Meine Buchempfehlungen: Neben der „Geschichte der O" solltet Ihr „Die Q-Briefe" und „Das Spiel" lesen.

Eine Annäherung an BDSM hatte ich auch schon früher, als in meiner Beziehung ein paar Experimente stattfanden, Augen verbinden, leichte Fesselspiele, das was sicher viele kennen.
In einer anderen Beziehung entdeckte ich dann, dass es mir Spaß machte, meinen Willen durchzusetzen, auf einer Basis gegenseitigen Einverständnisses. Dieses Entdecken ist einfach schön, zu merken: Da ist etwas was mir Freude macht - und dem Gegenüber genauso.
Im Herbst 2010 hatte ich dann eine Begegnung mit einer Sub, die wesentlich länger in der Szene unterwegs war als ich, und die mir anbot, mit ihr erste reale Erfahrungen zu machen.

Wie geht man das an? Wie soll ich als Neuling da reagieren? Stehe ich nicht bei Fehlern gleich als Depp da?
Ich habe lange überlegt, habe mich lange nicht getraut und dann einfach mal den Schritt gewagt. Wichtig war für mich vor allem, dass man auch miteinander redet, und das geht auch dann, wenn einer auf dem Sofa sitzt und das Gegenüber auf dem Teppich kniet.
Ich hatte dic passende Musik vorbereitet - und dann haben wir gespielt. Für mich war das der Belastungstest: Der Blutrausch stellte sich nicht ein. Stattdessen habe ich entdeckt, dass dieser Weg für mich durchaus ein Gangbarer ist.

Mit der Zeit entstehen dann Rituale, zum Beispiel ein Kaffee vor dem Spiel, dargeboten in einer bestimmten Art und Weise. So sind Dinge da, die immer gleich sind, vieles wird vertrauter und das gibt Sicherheit.

Inzwischen habe ich das Glück, eine Partnerin gefunden zu haben, mit der zusammen ich nicht nur BDSM auslebe, sondern auch eine Beziehung führe, die – zwar für viele nicht „normal" – sehr glücklich ist.

Das Outing vor der Familie habe ich auch inzwischen hinter mich gebracht (zum Glück ist meine Familie sehr klein, der eine Teil hat es hingenommen, der andere Teil hat vier Beine, bellt und muss manchmal energisch davon abgehalten werden, mitspielen zu wollen).

Versucht ihr doch mal, ernst zu bleiben während die Liebste nackt auf dem Strafbock verschnürt ist und in dem Moment, in dem Ihr mit dem Auspeitschen anfangen wollt, stellt Euer Hund fest: „Hey, ihr Gesicht ist auf gleicher Höhe wie meins! Dann gibt's Küsschen. Mit Zunge!

Die wunderbare Vielfalt

Wahrlich, keiner ist weise, der nicht das Dunkel kennt.

Hermann Hesse

Kann das denn Spaß machen? - Die Frage nach dem Reiz

Nun muss noch geklärt werden, auf welche Weise die Befriedigung bei sadomasochistischen Praktiken erlangt wird. Hierzu möchte ich lediglich zwei Beispiele anführen, um den Rahmen nicht zu sprengen:
Bei verschiedenen BDSM-Praktiken, bei denen Schmerz auftritt, werden Endorphine freigesetzt, körpereigene Opiate, die den Schmerz kompensieren und für einen rauschartigen Zustand sorgen.

Vergleichbar ist dies mit einigen Extremsportarten, bei denen auch nach einiger Zeit dieser Endorphinrausch auftritt („Runners High"). Bei anderen Praktiken, bei denen der eine Partner die Kontrolle abgibt (beispielsweise wenn jemand gefesselt wird), liegt der Reiz darin, dass keine Möglichkeit besteht, das Geschehen zu beeinflussen.

So bleibt dem passiven Partner keine andere Möglichkeit als sich auf sich selbst zu konzentrieren, es ist also eine Art Zwang zum Fallenlassen. Der Sinnesentzug (zum Beispiel durch Augenverbinden) sorgt dann noch für eine besondere Schärfe der übrigen Sinne.

Besonders bei Menschen, die ihre eigene Sexualität - die hellen und die dunklen Seiten - neu entdecken, kann dies einen besonderen Kick geben. Ich hatte eine solche Erfahrung einmal mit einer Partnerin, die - sozialisiert in einem konservativen, katholischen Umfeld - aus einer langjährigen unbefriedigenden Beziehung kam. Sie hatte den Wunsch, Neues zu entdecken, bis sie den Mut gefasst hatte, es zu wagen, dauerte es jedoch lange. Ich hatte sie dann gefesselt und ihr die Augen verbunden, bevor ich sie verwöhnte. Durch diese beiden Utensilien, Fesseln und Augenbinde bekam sie eine neue Art von Freiheit:
Angebunden und ohne die Möglichkeit, irgendetwas Ablenkendes zu sehen oder machen zu können, machen zu müssen, musste sie sich auf sich selber und auf ihre eigene Lust konzentrieren.

Dass dabei meine ersten selbstgebauten Handfesseln Schaden genommen haben war nur eine Begleiterscheinung…

Typen beim BDSM

Auch hier habe ich mich wieder auf ein paar Grundtypen beschränkt, bei denen ich die weibliche Form beschreibe. Die Beschreibungen schildern jeweils ein ausgeprägtes Wesensmerkmal. Bei den meisten Menschen sind mehrere Merkmale gemischt, beispielsweise devot und masochistisch.

Die Devote

Die Devote zeichnet sich dadurch aus, dass sie sich einem anderen unterwirft und aus dieser Unterwerfung ihrer Befriedigung bezieht. Die Abgabe der Kontrolle ist hierbei ein wesentliches Merkmal der Stimulanz.

Die Masochistin

Die Masochistin bezieht ihre Befriedigung aus der Tatsache, dass ihr Schmerzen zugefügt werden.

Das kann entweder der Schmerzreiz selber sein, die Begleitumstände (Schmerzen als etwas Unangenehmes, das durchlebt, das ausgehalten werden muss, worauf sich die Befriedigung einstellt) oder auch die Kombination aus Situation und Reiz.

Die Herausfordernde

Die Herausfordernde wird manchmal auch als Krawallsub bezeichnet. Im Gegensatz zur Devoten unterwirft sie sich nicht, sie möchte unterworfen werden.

Die Herausgeforderte

Die Herausgeforderte weist Züge der Devoten und der Masochistin auf. Sie unterwirft sich, ist auch Schmerzen gegenüber nicht abgeneigt, doch ihre Befriedigung kommt nicht allein aus dem Schmerzreiz, sondern aus dem, was sie dazu bringt, Schmerzen zu ertragen.

Das kann eine Herausforderung gegen sich selber sein, ähnlich wie ein Extremsportler, der weiß, dass Höchstleistungen mit Schmerzen verbunden sind und der sie dennoch auf sich nimmt.

Es kann auch darin begründet liegen, dass sie - wie O. - die Schmerzen für ihren Dom ertragen möchte.

Die Wunschzettelsub

Die Wunschzettelsub ist eine Frau, die Teilaspekte des BDSM mag, die aber eigentlich nicht devot ist. Stattdessen möchte sie sich die Rosinen aus dem  Kuchen herauspicken und selber bestimmen, wie eine Session ablaufen soll.

Dieses Verhalten bezeichnet man auch als „topping from the bottom".

Die Passive

 Die Passive ist - ähnlich wie die Wunschzettelsub - wenig devot. Schmerzen mag sie auch nicht, doch Fesselspiele gefallen ihr sehr. Auf diese Weise hat sie die Möglichkeit, passiv zu sein, sich verwöhnen zu lassen, ohne in die Verlegenheit zu kommen, selbst aktiv werden zu müssen.

Für sie sind Fesseln eine Ausrede, denn wer gefesselt ist, kann ja auch nicht aktiv ins Geschehen eingreifen.

Zusammenhänge mit psychischen Störungen

An dieser Stelle muss auch einmal ein Thema zur Sprache kommen, das ansonsten gerne totgeschwiegen wird.

Natürlich gehen wir wie selbstverständlich davon aus, dass unser Gegenüber gesund ist und fragen deswegen oft auch nicht allzu viel nach. Leider kann jedoch auch ein Zusammenhang bestehen zwischen sexuellen Präferenzen, Persönlichkeit und psychischen Erkrankungen. Ein Beispiel: Jemand mit einer Suchterkrankung hat oft auch ein geringes Selbstbewusstsein. Wenn dann noch ein unkritischer Dom hinzukommt, kann das kontraproduktiv sein.

Ähnlich verhält es sich mit dem Zusammenhang zwischen selbstverletzenden Verhalten und Masochismus. Ein verantwortungsvoller Dom achtet daher auch auf Anzeichen psychischer Erkrankungen und zieht im Zweifelsfall einen Fachmann zu Rate.

Ist das jetzt schon BDSM?

Die Abgrenzung zu treffen ist nicht immer leicht, dafür meistens überflüssig. Wie leicht beginnen wir damit, die Menschen in Schubladen zu stecken, und wieso sollten wir damit auch bei uns selber 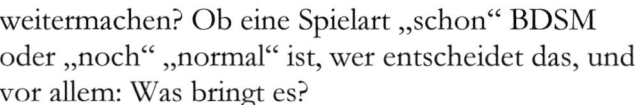 weitermachen? Ob eine Spielart „schon" BDSM oder „noch" „normal" ist, wer entscheidet das, und vor allem: Was bringt es?

Es gibt so viele Spielarten, so viele Wege, wie man miteinander umgehen kann, so dass eine Festlegung schwerfällt. Genauso geht es mir bei Musik: Ich weiß oftmals nicht, was für ein Genre die Musik ist, die mir gefällt, solange ich weiß, dass sie mir gefällt (und im Idealfall von wem sie ist damit ich mir die nächste CD auch kaufen kann), solange ist mir das Genre herzlich egal. Nur weil ich heute sage, ich mag keinen Jazz, ist es auch möglich dass ich irgendwann mal ein Lied höre das mir gefällt, um dann zu erfahren, dass es Jazz ist oder von irgendjemandem dafür gehalten wird.

Letztendlich sind das alles Schubladen, und ich möchte nicht gerne in eine Schublade gesteckt werden, genauso wenig wie ich selber in einer landen möchte.

Und bevor Fragen aufkommen: Als Dom kann ich meine Sub viel besser in einem Käfig einsperren, das ist bequemer und größer und man sieht sie besser…

Spielen mit mehr als zwei Personen

Für jede angenehme Erwartung gibt's mindestens drei unangenehme Möglichkeiten.
Wilhelm Busch

Hier müssen wir einmal über das Thema Eifersucht sprechen. Wenn zwei miteinander spielen, ist es sicher kein Problem, aber bei vielen kommt irgendwann die Neugier. Man möchte mehr wissen, möchte auch erfahren, wie Andere über ihre Leidenschaften denken, geht vielleicht auch weiter, so dass man mit mehreren Personen spielen möchte, oder zumindest die Möglichkeit besteht, dass mehrere Personen daran teilhaben.

Ist schon beim Spiel zu zweit das Vertrauen unbedingte Voraussetzung, so ist es zu dritt oder mehr umso wichtiger.

Hierzu gebe ich den Rat meines Erste-Hilfe-Ausbilders weiter: „Geht bis zum Äußersten: Redet miteinander!"

Vor dem Besuch einer BDSM-Party oder eines Swingerclubs ist es hilfreich, sich zusammenzusetzen und zu überlegen: Was machen wir wenn jemand mitmachen will? Was machen wir wenn wir gefragt werden, ob wir dies oder das wollen? Ihr könnt auch gut Signale absprechen:

Getränkewünsche oder Kosenamen können dann bedeuten: „Ich will nicht, hol mich hier raus! Aufgrund der wunderbaren Vielfalt beim BDSM kann ich hier nicht alle Szenarien aufzählen, die möglich sind, aber einige Grundformen möchte ich doch schildern und ihr „Gefahrenpotential" analysieren.

Die Protagonisten und die Szenarien sind wieder durch meine Sichtweise geprägt. Es sind also Szenarien, bei denen Er der Dom und Sie die Sub ist, im umgekehrten Fall sind unter Umständen einige Details anders.

Dom, Sub und Zuschauer

 Wenn man mit Zuschauern spielt - zum Beispiel bei einem Besuch im Swingerclub, wo Zuschauer recht wahrscheinlich sind - dann kann es leicht passieren, dass Zuschauer zu aufdringlich werden und dadurch stören. Auf der anderen Seite kann es ein besonderer Reiz sein, Zuschauer zu haben und diese unter Umständen ins Spiel mit einzubeziehen. Vorher sollte aber auf jeden Fall abgesprochen werden, was man möchte und was nicht.

Dafür muss ich mich und meine Sub gut kennen und wissen, was Vorlieben und was Abneigungen sind. Ist Sub eher exhibitionistisch oder eher verschämt?

Ist es eine Belohnung, dass sie vor Zuschauern präsentiert wird - oder ist es eine Aufgabe/Strafe? Als Aufgabe kann man auch Spiele in einem Rahmen sehen, der teilweise öffentlich ist, bzw. bei denen die Möglichkeit besteht, von Unbeteiligten gesehen zu werden.

Vielfach ist das ein besonderer Reiz. Achtet aber bitte auf die gesetzlichen Grundlagen und behaltet auch die Sicherheit im Auge! Also lasst Subbie lieber nicht nackt auf der Autobahnbrücke spazieren gehen, sondern sucht Euch lieber eine Bahnstrecke. Dort wird sie auch gesehen, aber glücklicherweise ist die Wahrscheinlichkeit wesentlich kleiner, dass jemand vor den Pfeiler fährt.

Dom, Sub und Sub

Das Spielen mit einer weiteren Sub ist sehr reizvoll, jedoch sollten die Machtverhältnisse  klar sein. Besonders wenn Subbie auch im „normalen Leben" die Partnerin ist können Eifersucht und Missverständnisse entstehen. Ist die zweite Sub untergeordnet, gleichgestellt oder übergeordnet? Ist Eifersucht vorhanden und stört sie oder beflügelt?

All das sollte vorher geklärt werden, damit es nicht zu einem Absturz kommt.

Dom, Dom und Sub

Generell halte ich die Kombination von zwei dominanten Personen  immer für etwas problematischer, denn dort wird es mit Sicherheit ein Machtgefälle geben. Zwei „Alpharüden" sind eben nicht so leicht unter einen Hut zu bekommen. Außerdem hat ja jeder Dom seinen eigenen Stil, ist von anderen Dingen und Vorbildern geprägt und im schlimmsten Fall ist es die Sub, die darunter leidet. Das Vertrauen muss einfach zwischen mehr Menschen stimmen und so besteht ein größeres Konfliktpotential.

Gedanken zur Geschichte der O.

Danken Sie dem Himmel für die Augenblicke, in denen jemand in Ihren Armen vergeht und Sie in den seinen. In diesen Augenblicken gleichen Sie den Wolken, den Wassern, sind ein Wehen im Wind -  **der Rest ist das harte, unbegreifliche Leben, das man uns bereitet hat und das wir einander bereiten, man muss es eben erdulden.**
Pauline Réage

Bücher über BDSM gibt es viele, an einem Buch kommt man jedoch nicht vorbei, das ist die „Geschichte der O" von Pauline Réage.
Früher oder später wird die Neugier siegen, so war es auch bei mir.

Für alle die das Buch nicht kennen:
Die erfolgreiche Modefotografin O lässt sich in diesem Buch aus Liebe zu ihrem Geliebten Rene zur Sub ausbilden. Diese Ausbildung beinhaltet Fesselungen, Züchtigung und die allgegenwärtige sexuelle Verfügbarkeit.

Auf Wunsch ihres Geliebten wird sie seinem Freund Sir Stephen überantwortet, was zu cincr weiteren, noch strengeren Ausbildung führt, die schließlich zur Kennzeichnung durch Brandmale am Gesäß und Ringe in den Schamlippen führt.

Man kann die „Geschichte der O" wie ein historisches Dokument lesen – aus ihrer Zeit heraus ist es genau das – oder als eine Anregung unter vielen, was man aber nicht machen sollte, ist sie als „Bibel des BDSM" zu sehen.

Die Figuren sind überzeichnet, oftmals idealisiert und leiden daran, dass sie wenig „praxistauglich" sind. Reale Menschen müssen auch mal arbeiten, können nicht problemlos Zeit für mehrtägige „Erziehungsaufenthalte" erübrigen, da ist die Fiktion natürlich besser dran.

Die Dinge, die mir an der „Geschichte der O" gefallen, sind die Details, die den Charme einer vergangenen Zeit ausstrahlen: Kleidung, Schlösser und Kulissen, all das, wozu man im normalen Leben keinen Zugang hat. Als Phantasie ist das prima, eine kleine Oase in der Realität, und wenn man Glück hat, kann man es auch einmal im Urlaub umsetzen, man sollte nur seine Erwartungen nicht an derartigen Phantasien festmachen. Es muss kein Verlies sein, da ist der Haken der Blumenampel im Wohnzimmer besser, meist ist da auch besser geheizt.

Die Phantasie ist mit Sicherheit eines der wichtigsten Elemente beim Spielen.
Seid aber bitte realistisch und bewegt Euch im Rahmen Eurer Grenzen.
Macht das, was für Euch auch beherrschbar ist, dann werdet ihr wenig böse Überraschungen erleben.

Ein bisschen (viel) Wissen

Alle Menschen streben von Natur nach Wissen.
Aristoteles

A
Abbinden

Bei Zement oder Gips die Zeit, bis dieser fest wird. Da im ↑BDSM diese Methode zur Fixierung aber ungebräuchlich ist (sie wird eher von Radikalen vor Gorleben praktiziert), handelt es sich hier beim Abbinden um das Abschnüren von Körperteilen, beispielsweise Brüste, Skrotum oder Penis. Dabei wird das Blut gestaut, was zu einer Schwellung und Empfindlichkeitssteigerung führt. Zu beachten ist, dass die Schnüre nicht zu dünn sein sollen und leicht zu lösen sind. Also machen sie lieber ein Schleifchen, es muss ja nicht in rosa sein…

Absturz
Nicht nur das Ergebnis eines technisch schlecht durchgeführten ↑Bondagespiels, bei dem die Haken nicht halten, sondern allgemein das Misslingen eines ↑Spiels.

Wenn bei einem der Spielpartner das Spiel zu einer schlechten Erfahrung wird, dann bezeichnet man es als Absturz.

Die Gefahr muss immer als gegeben angesehen werden, es ist besonders wichtig, das Spiel schnell beenden zu können.

Wichtig ist es auch, die ↑Sub nach dem Spiel aufzufangen, das heißt, eine Art „Chilloutphase" anzuschließen und so nicht abrupt nach Beendigung des Spiels den Abend zu beenden.

Ampelcode / Ampelsafeword

Mit Hilfe von Ampelfarben wird dem Gegenüber signalisiert, wie man sich fühlt. *Grün* bedeutet *ok*, es kann auch etwas heftiger werden (*Okaycode*), *Gelb* ist die Aufforderung, es *etwas langsamer* angehen zu lassen (*Slowword*), *Rot* bedeutet *Stop* und ist das eigentliche ↑*Safeword*.

Andreaskreuz
Findet sich an Bahnübergängen und in den
Spielzimmern von BDSMlern und Swingerclubs.
Gedacht ist es zum Warnen (am Bahnübergang)
und zur Befestigung des ↑Bottoms. Die unten
abgebildete Zweckentfremdung als Garderobe ist
unüblich und nicht zu empfehlen. Man kann nur
zwei Jacken aufhängen und wird von den
BDSMlern ausgelacht…

Anilingus
Die sprichwörtliche
Tätigkeit des Götz von
Berlichingen[12].

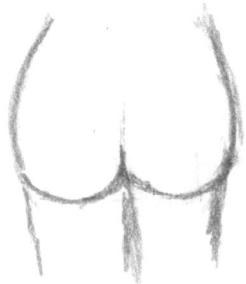

---

[12] Verstanden? Nein? Dann leckt mich doch am Arsch! (Das
war die Erklärung!)

Atemreduktion

Das Atmen wird erschwert, dadurch sinkt die Sauerstoffsättigung, was auf Dauer unangenehme Folgen, gesundheitliche Probleme und Tod nach sich ziehen kann. Dies wäre auf jeden Fall auch als ↑Absturz zu bezeichnen…

Automasochismus

Ist nicht etwa das bewusste Fahren eines Trabant 601 sondern das Zufügen von Schmerzreizen durch den Gereizten selber.

B

Ballknebel

Ein Ball aus Gummi oder Kunststoff mit einem Riemen oder Gurt wird benutzt, um den ↑Bottom

am Reden und Schreien zu hindern. Varianten mit angebohrten, hohlen Kunststoffkugeln lassen mehr Luft durch und schränken die Atmung durch den Mund nicht ein.

BDSM

BDSM ist eine Abkürzung, die eigentlich für drei Buchstabenkombinationen steht: BD, Ds, SM. „BD" steht für „Bondage and Domination", frei übersetzt also Fesselung oder Sklaverei und Züchtigung,

„Ds" steht für „Domination and Submission", also Beherrschen und Unterwerfen (daher wird das „s" auch klein geschrieben), „SM" steht für „Sadism and Masochism", also Lust an der Zufügung und dem Ertragen von Schmerzen in einem sexuellen Kontext.
Hiervon zu unterscheiden sind Realsadismus und Realmasochismus, dabei handelt es sich nicht um die erotische Variante sondern um einen pathologischen Krankheitszustand.

Beißen
Ist eigentlich genau das was man sich darunter vorstellt. Aufpassen: Abbeißen ist eindeutig zu viel.

Bewerbung
Die Neuvorstellung einer ↑Sub wird von manchem ↑Dom gerne in Form einer Bewerbung gesehen. Dazu gehören oft ein Anschreiben, diverse Fragebögen und Fotos. Ob man diese Form der Vorstellung wählt oder ein herkömmliches Gespräch ist Geschmackssache. Eine Bewerbung stellt für eine potentielle Sub ein nicht zu unterschätzendes Hindernis dar, daher sollte man überlegen ob man als Dom darauf besteht.
Leider haben auch viele ↑DummDoms die „Bewerbungsmasche" für sich entdeckt und nutzen sie zum Bildersammeln.

Bisexualität

Verdoppelt theoretisch die möglichen potentiellen Sexualpartner. Wer Bisexuell ist hat nicht nur die sexuelle Präferenz zu einem Geschlecht, sondern zu beiden.

Blind Date

Verabredung mit einer bis dahin unbekannten Person. Empfehlenswert sind dafür Sicherheitsvorkehrungen wie ↑Covern oder Ähnliches.

Bloodsports

Spielarten, bei denen Blut fließt, beispielsweise durch ↑Nadeln oder ↑Cutting.

Blowjob

Das ist nicht Euer ernst, oder? Ihr kauft Euch ein Buch über BDSM und wisst nicht was ein Blowjob ist? Na gut: Die Bezeichnung kommt aus dem Englischen und hat ursprünglich nichts mit „Blasen" (to blow = blasen) zu tun, sondern stammt von „the below job" (below = darunter, unter, unterhalb), da die Person, die den BJ ausführt mit ihrem Kopf unterhalb dessen ist, der oral befriedigt wird.

Bock
Möbelstück, auf das eine
↑Sub fixiert werden kann,
um zu spielen. Oftmals ist
die Höhe so bemessen, dass
es anatomisch günstig ist.

Bondage

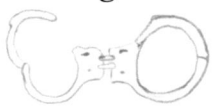

Bedeutet wörtlich übersetzt
Knechtschaft, hier ist jedoch die
Fixierung der ↑Sub durch
Fesseln, Handschellen oder Seile gemeint.

Bottom
Eine Bezeichnung für den unterwürfigen Part in
einer BDSM-Beziehung. Alternativ wird oft dieser
auch als ↑Sub bezeichnet.

Branding
Brandzeichen, eine Form von Körpermodifikation,

bei der Brandnarben erzeugt werden,
die dauerhaft sichtbar sind. Anders
als bei Piercing oder Tattoo sind
diese nicht so „leicht" zu entfernen
und stellen daher eine sehr
dauerhafte Form der
Körpermodifikation dar. In Analogie
zu den Brandzeichen, die Viehzüchter als
Besitzkennzeichnung ihrer Tiere benutzten, zeigt
ein Branding den „Besitzer" einer ↑Sub an

(vgl. die „↑Geschichte der O"). Allerdings gibt es auch Branding ohne BDSM Kontext, es sollte also nicht ohne weiteres aus einer Brandnarbe auf die Veranlagung geschlossen werden.
Manche entstehen auch einfach weil man in ein Bügeleisen läuft…

Brustfolter

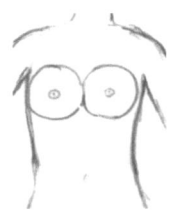

Einbeziehen der sekundären Geschlechtsmerkmale der Frau in das Spiel, denkbar sind zum Beispiel Kombinationen aus ↑Abbinden, ↑Klemmen, ↑Gewichten, ↑Wachs etc.

Bullwhip

Geflochtene Lederpeitsche, wie sie zum Beispiel aus den Indiana-Jones-Filmen bekannt ist. Durch ihre Länge von bis zu mehreren Metern ist sie nicht so leicht zu handhaben, Übung ist daher ein Muss. Außerdem sollte man eine ausreichend große Spielfläche haben. Wenn ↑Dom bei seinen Versuchen mit der Bullwhip in der 30-m²-Wohnung erst mal die Vitrine zerlegt und das Bücherregal leerräumt kann das eher erheiternd wirken.

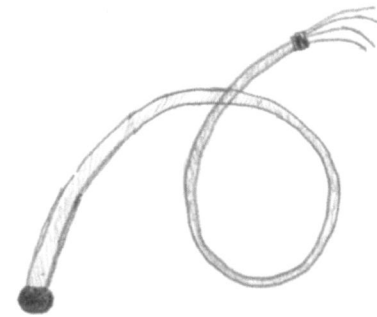

Der ungeübte Nutzer kann schon mal sich selber treffen, es sollen schon Ohren dabei verloren gegangen sein. Gute Übungsobjekte sind Kissen und Wassermelonen.

Buttplug

Objekt aus Materialien wie Silikon, Kunststoff, Edelstahl oder anderem, das im Po getragen wird. Durch die Anwesenheit ist ein Reiz gegeben, der zwar nicht immer intensiv ist, 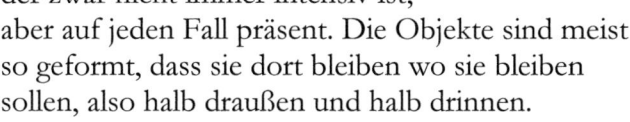 aber auf jeden Fall präsent. Die Objekte sind meist so geformt, dass sie dort bleiben wo sie bleiben sollen, also halb draußen und halb drinnen. Interessante Varianten: Es gibt sie auch mit Beleuchtung (außen, versteht sich, oder?). Bitte nicht versuchen selber zu bauen und die Maglite zweckentfremden[13]. Interessantes Spielchen: Subbie mit Buttplug spazieren fahren, Schlaglöcher bekommen eine ganz neue Bedeutung…

C

Carotis-Sinus Reflex

Böse Sache! Durch einen Druck auf eine bestimmte Stelle am Hals kann ein Kreislaufstillstand herbeigeführt werden.

---

[13] „Schatz, leuchtest Du mal hierhin?"

Ok, das ist jetzt nichts Neues, im Krimi heißt das Erwürgen, aber das wollen wir ja nicht. Wer sich mehr dafür interessiert, findet eine viel kompliziertere Beschreibung in der gängigen Fachliteratur, dem Laien reicht der Rat: Hände weg vom Hals, zudrücken und reinbeißen macht Aua und im schlimmsten Fall Subbie reanimationspflichtig. Hatte ich schon mal erwähnt dass es sinnvoll ist, einen Erste-Hilfe-Kurs zu machen?

Nein, ich bekomme da keine Provision für[14].

Cock (and Ball-) Torture (CBT)

Warum hab ich das in mein Lexikon aufgenommen?

Da kriegt Mann doch schon beim Schreiben Schweißausbrüche.

Reicht die Erklärung „Äußerst Aua"? Nein? Mist!

Also gut: Hinzufügen von Schmerzreizen am primären Geschlechtsmerkmal des Mannes.

Das muss reichen!

---

[14] Aber die Idee ist gut…

Cockring

Ring aus elastischem oder festem Material, der um Penis und Skrotum gelegt wird und bei der Erektion den Rückfluss des Blutes mindert. Wenn man es richtig macht wird „Er" fester, wenn man es nicht richtig macht: Siehe einen Artikel weiter zurück.

Condom

Latexhaltiges Reproduktionsvermeidungsfutteral.
Es gibt sie auch mit „K".
Und mit Bananengeschmack.

Covern

Externes Aufpassen durch eine andere Person, z.B. bei einem ↑Blind Date. Der Coverpartner hat die Aufgabe, zu überprüfen, dass es dem Gecoverten gut geht und im Vorfeld vereinbarte Signale gegeben werden, anderenfalls soll er Hilfe holen. Eine genauere Beschreibung ist auch unter dem Punkt „Sicherheit, Sicherheit, Sicherheit" weiter vorne im Buch zu finden

Crossdressing

Bewusstes Tragen von Kleidung, die von ihrer Beschaffenheit eindeutig dem anderen Geschlecht zuzuordnen ist.
Darunter fällt nicht das versehentliche Verwechseln der Kleidung im Darkroom.

Es ist kein Crossdressing, wenn Männer Strings tragen, besonders wenn sie weiß und aus Netzstoff sind. Das sieht einfach nur scheiße aus!

Cuckold

Meist ein devoter Mann, der von einer Frau sexuell dominiert und oftmals erniedrigt wird. Während Sie mit anderen verkehrt darf/muss er zusehen/assistieren, was für ihn einen Lustgewinn darstellt. Es gibt unterschiedliche Varianten, weitere Informationen finden sich dazu im Internet.

Cunnilingus

Ich frag mich gerade was das hier in einem Lexikon zu suchen hat, in dem es um BDSM geht. Also gut: Sexuelle Reizung der weiblichen Genitalien mit Zunge und ggf. Zähnen.

Cutting

Oberflächliches Einschneiden der Haut mit geeigneten Werkzeugen. Es kann auch zur Bildung von Ziernarben eingesetzt 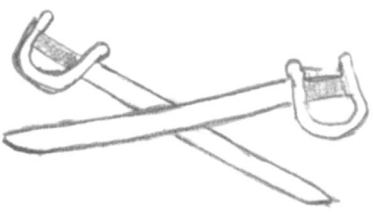 werden. Gefahren dabei sind zu starke Verletzungen durch Unkenntnis der Anatomie, Blutverlust, Infektionen, und Schock. Vorsicht: Es können Narben bleiben!

D

Darkroom
Stark
abgedunkelter
Raum, meist in
einem
↑Swingerclub,
in dem das
Motto herrscht:

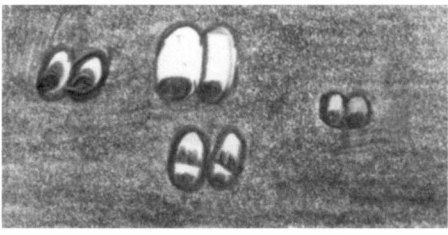

„Wo man nichts sehen kann ist fühlen keine
Schande."

Dehnungsspiele
Mithilfe von verschiedenen, dazu mehr oder
weniger geeigneten Gegenständen, werden
Körperöffnungen gedehnt.

Deprivation
Entzug von Sinnesreizen, was dazu führt, dass die
wahrgenommenen Sinneseindrücke intensiver
empfunden werden. Beispiel: Augen verbinden.
Mit verbundenen Augen konzentriert man sich
mehr auf das, was man hört, fühlt, riecht.
Wer schon einmal in einem dunklen Zimmer eine
Tischkante durch bloßes Dagegenlaufen gefunden
hat, weiß, wie intensiv ein solcher Sinneseindruck
sein kann.

Deviant(es Verhalten)

Bezeichnet Verhalten, das vom als „normal"
angesehenen Verhalten abweicht. In der
Bezeichnung schwingt auch immer eine Wertung
mit, außerdem stellt sich die Frage, wie man
„normal" definiert.

Devot

Die devote Person ordnet sich
der dominanten Person unter.
Das kann sich auf einen
Teilbereich beziehen, zum
Beispiel nur auf die Sexualität,
oder auf das gesamte Leben.

Dildo

Vom Mann unabhängiges, aus verschiedenen
Materialien hergestelltes nicht vibrierendes
Penisersatzgerät.

Dirty Talk

-„Schatz, sag mir was Schmutziges!"
-„Küche!"

Doktorspiele

Spiele, die einen
pseudomedizinischen
Hintergrund haben.

Dom

Großes kirchliches Gebäude, zum Beispiel in Köln.
Die Antwort reicht noch nicht?
Na gut:
Der dominante männliche Teil in einer Ds-Beziehung wird als *Dominus*, abgekürzt *Dom* bezeichnet.

Domina

Das weibliche Gegenstück zum Dom. Aufgepasst: „Kölner Dom" und „Kölner Domina" sind völlig unterschiedliche Baustellen…

Dominostein

Bezeichnet ein Weihnachtsgebäck und hat in dieser Aufzählung überhaupt nichts zu suchen. Lecker ist er trotzdem.

Doms

Niedrige Kaste von Hindus in Westbengalen.
O.k., das wusste ich jetzt auch noch nicht, aber das kommt dabei heraus, wenn man für sein Buch bei Wikipedia recherchiert. Nebenbei bemerkt: Der Artikel bei Wikipedia ist noch nicht geschrieben. Wer möchte?
Wer das nicht weiß kann „Doms" auch als den Plural von „↑Dom" benutzen. Obacht: Der Plural von „Dominus" ist nicht „Dominüsse"!

Dresscode

Bezeichnet die auf die Spitze getriebene Frage:
„Was ziehe ich nur an?"
Ein Dresscode ist die Vorgabe dessen, was man
anziehen soll. Es ist entweder durch Konventionen
bestimmt sein, oder es gibt eine konkrete Vorgabe.
Das kann ein bestimmter Kleidungsstil sein, eine
Farbe, oder auch eine negative Vorgabe (z.B. keine
Alltagskleidung).

Ds

Abkürzung für die Beziehungsform, in der ein
Partner dominant und der andere Partner submissiv
ist. Das „D" wird dabei groß und das „s"[15] klein
geschrieben, um das Machtgefälle schon durch die
Schreibung zu verdeutlichen.

DummDom

Spezies, die durch einen Mangel an Wissen und
einen Überschuss an Wollen entsteht. Im
Gegensatz zu ↑Steinlaus ist diese Spezies nicht vom
Aussterben bedroht. Die meisten Exemplare dieser
Spezies sind männlich.

---

[15] Die Druckerei hat angerufen: Wir müssen uns etwas
zurückhalten, die Gänsefüßchen sind fast alle!

DummSub

Das Gegenstück zum DummDom ist die DummSub. Im Internet sehr verbreitet wurden in der freien Wildbahn erst sehr wenige Exemplare davon zur Strecke gebracht.

Dreier

Sexuelle Aktivitäten, an denen mehr als zwei aber weniger als vier Personen teilnehmen. Mögliche Kombinationen sind MMF, FFM, MMM, FFF.

MGpGp zählt nicht[16]!

Dreirad

Fahrzeug, das mit einer Anzahl von mehr als zwei aber weniger als vier Rädern ausgestattet ist.
Das Dreirad gehört genauso wenig in diese Liste, aber wenn ich schon ↑Dreier erklären muss…

DSM

Abkürzung für „Diagnostic and Statistical Manual of Mental Disorders" (Diagnostisches und Statistisches Handbuch Psychischer Störungen).

---

[16] M=Mann, F= Frau, Gp= Gummipuppe.

Das DSM ist ein Klassifikationssystem der American Psychiatric Association (Amerikanische Psychiatrische Vereinigung) und wird in den USA anstatt des ↑ICD-Klassifikationssystems verwendet. Da die beiden Systeme nicht immer deckungsgleich sind werden zur Beschreibung verschiedener Störungen auch schon einmal Anleihen beim jeweils anderen Systemen durchgeführt.

DWT
Abkürzung für DamenWäscheTräger. Im Gegensatz zum Crossdresser gibt es dazu keine mir bekannte weibliche Form[17].

E

Eiswürfel
Kubusförmiges Gebilde aus gefrorenem Dihydrogenmonoxyd, zur Kühlung von Getränken oder zum Herbeiführen von Kältereizen verwendet wird.

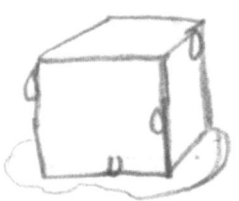

Endorphine
Körpereigene Hormone, die einen euphorischen Zustand herbeiführen und die Schmerzempfindungen herabsetzen können.

---

[17] Nein, Frauen zählen nicht dazu! Sorry Mädels, aber hier müsst ihr draußen bleiben!

Englisch

Bezeichnet eine Reihe von Spielarten, die sich um das  Thema ↑Erziehung, ↑Spanking und Strafe drehen.

EPE

Abkürzung für Erotic Power Exchange.
Der ↑Dom erhält die Kontrolle über die gesamte Sexualität des oder der ↑Sub.

Erniedrigung

Genau das, wonach es sich anhört. Nicht jedermanns Sache und sollte daher nur eingesetzt werden, wenn wirklich eine Vorliebe dafür besteht, ansonsten ist eher kontraproduktiv.

Und auch an dieser Stelle wieder der Rat: Geht bis zum Äußersten, redet miteinander!

Erziehung

Ist in diesem Zusammenhang die Umsetzung des Sprichwortes: „Wer nicht hören will muss fühlen."
Meist mit einer Verfärbung im Bereich des ↑Glutaeus maximus verbunden, dafür völlig ohne stille Treppe[18].

---

[18] Ja, es hat halt alles seine Vor- und Nachteile…

Exhibitionismus

Mehr oder weniger unbekleidetes Präsentieren der eigenen Person gegenüber anderen Personen. Die Reaktionen reichten von „Wow!" bis „Warum?" Verantwortungsvolle Exhibitionisten wählen sorgfältig aus, wo sie ihre Vorliebe ausleben. Öffentliche Parks gehören nicht dazu[19]!

F

Facefucking

Oralverkehr, bei dem eine Person einen Mann oral verwöhnt und dabei eine eher passive Rolle einnimmt, während der Verwöhnte die Bewegung vorgibt. Als Definition eher ungeeignet, aber wer Englisch kann, kann sich mit Sicherheit seinen Teil denken.

Facesitting

Oralverkehr, bei dem eine Frau verwöhnt wird und sich zu diesem Zweck in sitzender oder hockender Haltung über der verwöhnenden Person befindet. Bitte auf ausreichende Luftzufuhr achten[20]!

---

[19] Max! Hol das Würstchen!
[20] Für ihn vielleicht ein schöner Tod, aber sie hat dann viel zu erklären…

Fellatio

Wissenschaftlicher Ausdruck für „Blasen". Bitte nicht verwechseln mit einem italienischen Fußballverein (der aus der Hauptstadt…)! Der Ausdruck hat sich in der Umgangssprache nicht so sehr durchgesetzt, vielleicht weil es so schwer ist, daraus einen Imperativ zu bilden. Wäre aber sicher interessant bei der FSK-18 Version von „Harry P." „Fellatio!" Und er schwingt seinen Zauberstab…

Fesseln

Zweckmäßiges Fixieren einer Person mithilfe von Seilen, Lederfesseln, ↑Handschellen oder Büchern[21].

Fetisch / Fetischismus

Sexuelle Vorliebe für einen bestimmten Gegenstand. Im Bereich des BDSM häufiger in Bezug auf Kleidung (Lack, Leder, Latex, Uniformen).

---

[21] Ok, ich hab's versucht…

Fisting

Penetration mit mehreren Fingern, bis hin zur ganzen Hand. Entgegen dem Begriff sollte man darauf achten, die Hand zu Beginn etwas „stromlinienförmiger" zu formen…

Flag(ellation)

Auspeitschung, wörtlich übersetzt heißt es „Geißelung", es werden verschiedene ↑Peitschen, ↑Gerten, Ruten benutzt.

Flogger

Eine meist kurze Riemenpeitsche mit mehreren Riemen. Die Riemen können aus Stoff, Leder, Gummi oder anderen Materialien bestehen.

Frogtie

Fesseltechnik, bei der die Unterschenkel an die Oberschenkel gebunden werden. Die Stellung erinnert mit den gespreizten Oberschenkeln an einen hockenden Frosch, daher der Name.

G

Gerte

Eine Gerte ist ein vor allem aus dem Reitsport bekanntes Instrument, das aus einem Handgriff, einem unterschiedlich langen flexiblen Stab und einem Kopfstück besteht.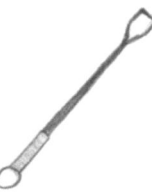

Es gibt Gerten in unterschiedlicher Ausführung, mit Fiberglaskern oder Metall, die Spitze ist je nach Ausführung unterschiedlich geformt.

Geschichte der O

Die „Geschichte der O" ist ein Roman der französischen Schriftstellerin Anne Desclos, die ihn 1954 unter dem Pseudonym *Pauline Réage* veröffentlichte.

Über die Hintergründe und die Rezeption dieses Buches könnte man ein eigenes Buch schreiben, ich empfehle daher: Lest das Original und bildet Euch eine eigene Meinung!

Gewichte

Dienen zur Beschwerung (O.K., da hätte man drauf kommen können…).
Hier sind kleinere Gewichte gemeint, die zum Beispiel an Klammern oder Piercings befestigt werden können.

Glutaeus maximus

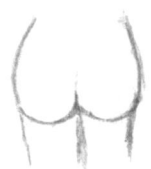 Latein für „größter Gesäßmuskel". Dem Volumen nach ist er der größte Muskel des Menschen.

GOR

Der amerikanische Schriftsteller John Norman, (eigentlich John Frederick Lange Jr.) hat einen Zyklus von Büchern geschrieben, der sich um die „Gegenerde"(GOR) dreht. Der Zyklus umfasst zurzeit 31 Bände, der erste erschien im Original im Jahr 1966. Die im Zyklus beschriebene Kombination von männlicher Dominanz und weibliche Unterwerfung hat die BDSM Szene stark geprägt.
So haben zum Beispiel die Sklavinnenpositionen eine zentrale Rolle und sind auch vielfach mit Abbildungen im Internet zu finden.

H

Hämatom
Medizinischer Fachausdruck für einen blauen
Fleck.

Halsband
sollten Sie einmal erleben, dass die Liebste sich mit
dem Hund darüber unterhält (Der Einleitungssatz
war: Mal so unter uns Halsbandträgern),
wer das schönere Halsband hat, so ist anzunehmen,
dass auch Sie zum Kreis der BDSM-Interessierten
gehören.

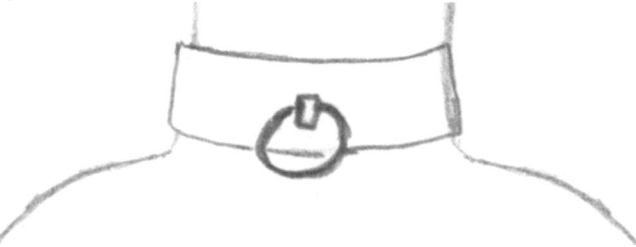

Das Halsband wird oft auf Veranstaltungen
getragen, bei denen es Zugehörigkeit zur BDSM-
Szene signalisiert (es sollte klar sein, dass das
Halsband nur von der Sub getragen wird...).
Preiswerte Modelle findet man im Zoofachhandel,
weniger preiswerte im Erotikfachhandel, und wer
ein schönes Modell haben möchte, kann sich im
Internet umsehen. Preiswert und schön geht auch
gleichzeitig. Zu dem Zweck empfehle ich, selber zu
basteln. Das hat auch den Vorteil, dass das
Halsband einzigartig ist.

Viele Halsbänder haben als Schmuck den ↑Ring der O, der so positioniert ist, dass er mittig unter dem Kinn sitzt.

Es gibt auch Halsbänder, die nicht auf den ersten Blick als solche zu erkennen sind und im Alltag getragen werden. Ähnlich wie das Tragen des Rings der O sind Sie ein Symbol für Eingeweihte.

Halskorsett

Sonderform des Halsbandes, die etwas breiter ist, so dass der Hals weniger beweglich ist und eine aufrechte Körperhaltung erzwungen wird.

Handschellen

Kennen Sie ein eisenhaltiges Abführmittel? Handschellen.

Die Polizei-Handschellen, die aus Krimis bekannt sind, sind für erotische Fesselspiele denkbar ungeeignet, da sie zu stark einschneidenden, nicht gepolstert sind und im Notfall nicht schnell genug geöffnet werden können. Eine gute Alternative dazu sind qualitativ hochwertige Lederfesseln, diese sind zumeist etwas gepolstert und daher angenehmer zu tragen.

Harness

Bedeutet eigentlich Geschirr, so wie es von Zugtieren getragen wird, hat im Zusammenhang mit unserer Thematik zwei mögliche Bedeutungen: Zum einen bezeichnet es das Geschirr, an dem ein ↑Dildo befestigt wird, zum anderen bezeichnet es eine Kombination aus Ringen und Lederriemen, die genau bei den Leuten gut aussieht, die die Figur haben, die ich nicht habe.

Herr/in

Anrede für eine dominante Person durch seine ↑Sub.
Als Abgrenzung zur normalen Höflichkeitsform auch sehr gerne mit Possessivpronomen kombiniert.

Hogtie

Fesseltechnik, bei der die gefesselte Person auf dem Bauch liegt und die zusammengebundenen Hand- und Fußgelenke miteinander verbunden werden.
Bei längerer Anwendung ist darauf zu achten, dass nicht durch das Eigengewicht der gefesselten Person die Atmung eingeschränkt wird. Außerdem kann es durch Verminderung der Blutzirkulation zum Einschlafen von Körperteilen kommen, was auch äußerst unangenehm ist. (Weniger unangenehm als ein Atemstillstand, aber es muss ja nicht sein…)

Hängebondage

Fesselung, bei der die gefesselte Person an einem oder mehreren Haken so befestigt wird, dass sie frei schwebt. Hierbei ist darauf zu achten, dass die Fesselung eine genügend große Auflagefläche bietet, so dass sie nicht zu stark einschneidet (das ist natürlich auch immer abhängig vom Körpergewicht). Andererseits sollten natürlich auch die Haken, an denen aufgehängt wird eine ausreichend große Tragfähigkeit bieten. Sonst bekommt der Begriff „↑Absturz" eine ganz neue Bedeutung.

I

ICD

ICD ist die Abkürzung für die „Internationale statistische Klassifikation der Krankheiten und verwandter Gesundheitsprobleme". Es ist ein Diagnoseklassifikationssystem, bei denen Krankheiten und Störungen in unterschiedliche Kategorien eingeteilt und mit numerisch codierten Klassifikationen versehen werden.

Der Vollständigkeit halber: BDSM findet man in der ICD unter dem Punkt F65.5 - F65: Störungen der Sexualpräferenz, Sadomasochismus.

Der Begriff „Störungen" ist in diesem Zusammenhang medizinisch zu betrachten, wann genau eine Störung vorliegt ist im Einzelfall durch den Arzt oder Psychotherapeuten zu entscheiden.

Es ist trotzdem hilfreich, die ICD Codierung zu kennen, denn es empfiehlt sich, den Hausarzt und gegebenenfalls andere Mediziner, bei denen man in Behandlung ist, im Vorfeld darüber zu informieren, damit nicht der Verdacht entsteht, es handele sich um häusliche Gewalt. (Besser ist es, diese Information vorher zu geben, also zu einem Zeitpunkt, an dem nicht der ↑Gluteaus maximus in allen Regenbogenfarben strahlt. Der Arzt kann so eine Notiz zu den Akten nehmen, in der auf die F65.5 verwiesen wird. So vermeidet Ihr, dass seltsame Fragen aufkommen wenn Subbie mal nach einer Session krank wird). Eine andere Variante ist es auch, den Hinweis auf die ICD-Codierung F65.5 auf ein Klebeschild zu schreiben, und mit Unterschrift auf dem Ausweis bzw. der Krankenkassenkarte zu befestigen. Bei einem Unfall, wird die Polizei sowieso nach dem Ausweis suchen. Der Arzt kann mit der Codierung etwas anfangen, wenn er sie nicht kennt, kann er auf jeden Fall nachsehen.

Infektion
Eine der Gefahren, die verhindert werden sollten, wenn Praktiken verwendet werden, bei denen offene Wunden entstehen. Hier empfiehlt sich ein gutes Wundantiseptikum, diese sind heute auch so gut entwickelt, dass es nicht mehr brennt wie bei Jod. (Moment mal, wer ist hier eigentlich der Masochist…)

Intimrasur

Ist heutzutage als Standard anzusehen. Auf dem Spielplatz wächst ja schließlich auch kein Gras[22].

J

Japanisches Bondage

Besondere Form der ↑Fesselung mit Seilen, die teilweise sehr kompliziert ist, dafür aber sehr ästhetisch aussieht.

K

Kabelbinder

Gehören in jedem gutsortierten Hobbykeller, haben aber nichts und auch gar nichts bei BDSM-Spielen zu suchen! Kabelbinder geben nicht nach, schneiden in die Haut ein, können die Blutzirkulation unterbinden und sind nur mit Werkzeug zu entfernen.

---

[22] Es gibt auch Menschen, die Haare mögen, wenn Ihr dazugehört dann überspringt einfach diesen Eintrag. Und nein, deswegen gibt es nicht das Geld für das Buch zurück!

Käfig

Meist aus mehreren Metallstangen
bestehende Präsentations- und
Aufbewahrungsbox für ↑Subs und
Ziervögel. Was Subs mit Vögeln gemein
haben? Na wer das noch nicht
durchschaut hat…

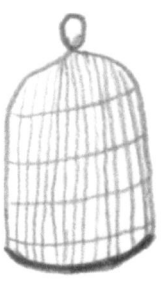

Kampfsubbie / Krawallsub

meist abwertende Bezeichnung
für eine ↑Sub, die devot ist, aber
sich nicht ohne weiteres
unterwirft, sondern gebändigt
werden muss. Stressig, nicht für
jeden Dom geeignet und
manchmal auch nicht mit den
Regeln des ↑SSC zu vereinbaren.

Karabiner

Kurzform für Karabinerhaken, ohne Belastung
leicht zu lösen und einfach in der Bedienung, unter
Volllast bekommt man einen Karabinerhaken nicht
gelöst, daher sollte er für große Belastungen nicht
eingesetzt werden.

Katze

Entweder das Haustier, das unter Umständen genau in dem Moment stört, in dem es am unpassendsten ist, oder die Kurzform für ein Schlaginstrument, das aus mehreren Riemen besteht (neunschwänzige Katze).

Ketten

Zweckmäßiges Fixierungsmittel, flexibel, haltbar, klirrt so schön. Bitte nur in Kombination mit passenden Handfesseln für Bondage verwenden, denn sonst können Druckstellen, Knochenbrüche und schwere Hautverletzungen die Folge sein. Panikhaken nicht vergessen!

Klammern

Klammern sind ideal, um kleine Schmerzreize auszuüben, um ↑Gewichte zu befestigen oder auch zur Fixierung. Es gibt zahlreiche Varianten: Von der klassischen Wäscheklammer bis hin zur Luxusausführung aus dem Erotikfachhandel. Geübte Bastler können sich auch aus handelsüblichen Haushaltsgegenständen Klammern basteln

(Die Hosenbügel aus einem bekannten schwedischen Möbelhaus sind zum Beispiel dankbare Bastelmaterialien). Besonderheit bei vielen Klammern: Wenn sie etwas stärker sind drücken sie das Gewebe zusammen, dadurch kommt der Hauptschmerz nach dem Lösen.

Kleidungsvorschrift
Eine Kleidungsvorschrift ist – im Gegensatz zum ↑Dresscode – eine persönliche Vereinbarung zwischen einem ↑Dom und einer ↑Sub. Wie weit sie geht und für welche Zeit sie gilt sind individuelle Festsetzungen. Als Dom sollte man aber auch hier die Realität im Auge behalten: So toll ein Minirock ist, bei minus 20 Grad darf´s auch ein bisschen mehr sein…

Knebel
Macht aus „Nein! Nein! Nein!" ein „Mhm, Mhm, Mhm". Der Knebel ist ein Ball  oder ein ähnlich geformtes Objekt, das so befestigt wird, dass die geknebelte Person in ihrer Fähigkeit zu sprechen/schreien eingeschränkt ist, nicht jedoch in ihrer Fähigkeit zu Atmen (sollte eigentlich klar sein, oder?). Spezielle Varianten bestehen aus einem durchlöcherten Kunststoffball, der mehr Luft durchlässt.

Körperverletzung

Ein heikles Thema. Technisch gesehen erfüllt vieles im ↑Spiel den Tatbestand der Körperverletzung, der gefährlichen Körperverletzung, und im schlimmsten Fall der schweren Körperverletzung, denn es kann schnell etwas schiefgehen (wenn man nicht auf die Sicherheit achtet oder zu unkritisch ein Buch nachspielt, das nur aus Graustufen besteht).

Gesetzlich gesehen ist zwar die Einwilligung vorhanden, wenn ↑SSC praktiziert wird, doch könnte es zum Beispiel bei einer Trennung oder bei anderen Konflikten zum Thema werden. Man sollte sich einfach über die juristische Seite des Spiels vorher Gedanken machen, damit es nicht später zu Problemen kommt.

Für die Genauigkeitsfanatiker unter Euch hier die entsprechenden Paragraphen:

§ 223 StGB: Körperverletzung

(1) Wer eine andere Person körperlich misshandelt oder an der Gesundheit schädigt, wird mit Freiheitsstrafe bis zu fünf Jahren oder mit Geldstrafe bestraft.

(2) Der Versuch ist strafbar.

§ 224 StGB: Gefährliche Körperverletzung

(1) Wer die Körperverletzung

    1. durch Beibringung von Gift oder anderen gesundheitsschädlichen Stoffen,

    2. mittels einer Waffe oder eines anderen gefährlichen Werkzeugs,

    3. mittels eines hinterlistigen Überfalls,

    4. mit einem anderen Beteiligten gemeinschaftlich oder

    5. mittels einer das Leben gefährdenden Behandlung

begeht, wird mit Freiheitsstrafe von sechs Monaten bis zu zehn Jahren, in minder schweren Fällen mit Freiheitsstrafe von drei Monaten bis zu fünf Jahren bestraft.

(2) Der Versuch ist strafbar.

§ 226 StGB: Schwere Körperverletzung

(1) Hat die Körperverletzung zur Folge, dass die verletzte Person

    1. das Sehvermögen auf einem Auge oder beiden Augen, das Gehör, das Sprechvermögen oder die Fortpflanzungsfähigkeit verliert,

    2. ein wichtiges Glied des Körpers verliert oder dauernd nicht mehr gebrauchen kann oder

    3. in erheblicher Weise dauernd entstellt wird oder in Siechtum, Lähmung oder geistige Krankheit oder Behinderung verfällt,

so ist die Strafe Freiheitsstrafe von einem Jahr bis zu zehn Jahren.

(2) Verursacht der Täter eine der in Absatz 1 bezeichneten Folgen absichtlich oder wissentlich, so ist die Strafe Freiheitsstrafe nicht unter drei Jahren.

(3) In minder schweren Fällen des Absatzes 1 ist auf Freiheitsstrafe von sechs Monaten bis zu fünf Jahren, in minder schweren Fällen des Absatzes 2 auf Freiheitsstrafe von einem Jahr bis zu zehn Jahren zu erkennen.

§ 228 StGB Einwilligung

Wer eine Körperverletzung mit Einwilligung der verletzten Person vornimmt, handelt nur dann rechtswidrig, wenn die Tat trotz der Einwilligung gegen die guten Sitten verstößt.

Korsett

Ein Korsett ist ein den Oberkörper fest umschließendes Kleidungsstück, das mittels Schnürung enger gemacht werden kann. Es sorgt für eine besondere, aufrechte Körperhaltung.

L

Lack
Eine besondere Art von
Bekleidung aus einem
glänzenden Stoff, in der
Abkürzung ↑LLL auch
enthalten.

Lady
Anrede und Bezeichnung für eine dominante Frau,
oft auch Teil des „Kampfnamens".

Latex
Eigentlich eine Bezeichnung für ein Grundprodukt
der Gummiherstellung, hier wird es aber als
Synonym für Gummikleidung verwendet.

Leder

Leder ist ein Material aus gegerbten
Tierhäuten, das für Kleidung, Möbel
und Spielzeug verwendet wird. In der
Abkürzung wird „Leder" als Kurzform
für Kleidung aus Leder verwendet.

Leidensdruck
Der Leidensdruck ist eine „Maßeinheit", die
beschreibt, ob ein bestimmtes Verhalten stört. Es
ist ein subjektives Erleben, das Einfluss auf die
Lebensqualität nimmt.

Wenn der Betroffene unter seinem Verhalten leidet, hat er eher die Motivation, etwas zu verändern.

Liebesschaukel
Kombination aus mehreren Gurten, in die ein Sexualpartner – meist der weibliche Teil – „hereingesetzt" wird und auf diese Art und Weise sozusagen „schwebend" stimuliert werden kann.

LLL
Abkürzung für ↑Lack ↑Leder ↑Latex, einen ↑Dresscode, bei dem Kleidung aus den entsprechenden Materialien gefordert ist.

Lustschmerz
Bezeichnung für die Kombination aus Erregung und Schmerz, dabei kann sowohl das Hinzufügen als auch das Empfinden von Schmerzreizen gemeint sein. Wichtig ist hierbei, dass die Situation einen wesentlichen Einfluss auf die Empfindung hat. Schmerzempfinden und Erregung korrespondieren miteinander: Je erregter jemand ist desto mehr sinkt das Schmerzempfinden.
Ohne die „Spielsituation" sind beide Reize getrennt. Ein ↑Masochist empfindet auch keine besondere Erregung, wenn ihm beim Handwerken der Hammer auf den Fuß fällt, da ist Lust dann eher abwesend und nur Schmerz vorhanden.

M

Macht

Ein Reiz, der das ↑Spiel mit anregt, ist die Macht, die der dominante Part während des Spiels über den devoten Part innehat. Diese Macht kann gebraucht werden, sollte jedoch nicht missbraucht werden.

Vorsicht auch beim Kitzeln: Mehr als bei anderen Spielarten werden die Fesseln hier sehr stark beansprucht.

Madame

Anrede und Bezeichnung für eine dominante Frau, oft auch Teil des „Kampfnamens".

Magnete

Magnete, besonders solche aus Neodym-Eisen-Bor sind unter Umständen eine Alternative zu Klammern, aber nicht so leicht zu lösen.

Marquis de Sade

Vollständiger Name: *Donatien-Alphonse-François, Marquis de Sade*. Er ist der Namensgeber des Begriffes „Sadismus". Sein bekanntestes Buch ist „Die 120 Tage von Sodom".

Maske

„Wie? Entworfen? Was für eine
Mafke?"(Loriot)
Eine Maske verdeckt das Gesicht
und sorgt so für eine
Teilanonymität.

Masochismus

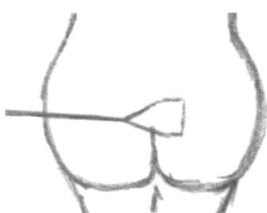

Namensgeber des
Masochismus war der
österreichische Schriftsteller
*Leopold Ritter von Sacher-
Masoch.*

Master / Meister

Ein Titel für einen männlichen Dom.

Mayday

Mayday ist die verkürzte Form des französischen
(venez) m'aider „(kommen Sie) mir zu Hilfe!" Es wird
im Sprechfunk international als Notsignal
verwendet (SOS wird ja nur beim Morsen benutzt
und ist nicht so leicht
auszusprechen)
und wurde daher von
der Szene als international übliches ↑Safeword
übernommen.

Mindgame
Spiel, bei dem die psychologische Seite sehr im
Vordergrund steht. So kann man beispielsweise
durch einen Sinnesentzug eine Atmosphäre
schaffen, in der durch die wenigen Reize, die
übermittelt werden eine sehr hohe
Adrenalinausschüttung stattfindet.

Mistress
Anrede und Bezeichnung für eine dominante Frau,
oft auch Teil des „Kampfnamens".

Mumifizierung
Einwickeln in Materialien wie Frischhaltefolie,
Stretchfolie, Bondagetape, Tücher oder Bandagen[23].
Das Resultat ist ein Gefühl der Hilflosigkeit,
gekoppelt mit Sinnesentzug und
Wärme (durch die Stauung der
Körperwärme).
Bei Frischhaltefolie kann sehr gut
auch für Öffnungen gesorgt
werden, die gezielte Stimulation
zulassen. Wegen der fehlenden
Sinneseindrücke ist die Intensität
des Empfindens an den
Öffnungen verstärkt.

---

[23] Atmung beachten! Nicht so wickeln wie im Film „Die
Mumie", da war der zu mumifizierende vorher tot. Und wer
den Film gesehen hat weiß auch wie unfreundlich die Mumie
war. Alles nur durch falsches Einwickeln!

N

Nadel

Korrekterweise müsste man hier nicht von einer Nadel, sondern von einer Kanüle sprechen.

Eine Kanüle ist eine Hohlnadel, die steril verpackt ist und im medizinischen Kontext für Injektionen verwendet wird. Da die Spitze sehr scharf ist, dringt sie leicht durch die Haut.

Bei Nadelspielen werden mehrere Kanülen in oder durch die Haut gestochen. Dabei ist es wichtig, dass man die Haut vorher desinfiziert und sterile Werkzeuge benutzt.
Außerdem sollte man genau wissen, wohin man sticht, denn sonst können schwere Schäden wie Lähmungen entstehen.

Nadelrad/Nervenrad

Auch *Wartenbergrad* genannt oder *Nadelrad nach Wartenberg*. Dieses Instrument ist ein aus rostfreiem Stahl hergestelltes Rad mit Spitzen, das über die Haut gerollt wird,
um die Schmerzempfindung zu messen.

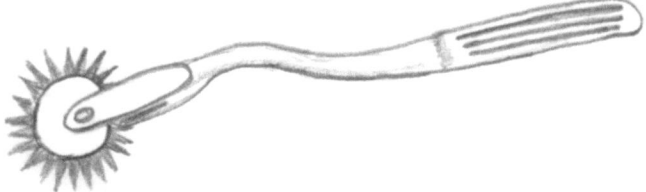

Aus hygienischen Gründen wird es in der Medizin kaum noch eingesetzt. Im BDSM findet es als Spielzeug Verwendung.

Neunschwänzige

Die vollständige Bezeichnung ist Neunschwänzige ↑Katze.
Ursprünglich war es eine Riemenpeitsche mit neun geflochtenen Tauenden, die zur Züchtigung in der Seefahrt eingesetzt wurde. Im BDSM ist sie ein Symbol,

das auch für die Vorliebe zum Spanking steht.

Norm / normal

Eine Norm ist das, was eine Mehrheit als Standard ansieht. Problematisch ist dabei, dass es keine objektive Definition gibt.

Glücklicherweise leben wir in einer Gesellschaft, in der es problemlos möglich ist, eine große Bandbreite an verschiedenen Lebensstilen zu praktizieren. Viele BDSMler setzen sich auch ganz bewusst von der Masse ab, indem sie ihr Nicht-Normal-Sein betonen.

O
(Die) O

Hauptfigur in „Die ↑Geschichte der O" von Pauline Réage. Wenn Ihr an dieser Stelle des Buches noch eine Erklärung braucht, lest das Buch von vorne nach hinten und nicht umgekehrt!

Ochsenziemer

Schlagwaffe, die aus einem getrockneten
Bullenpenis hergestellt wird. Als Schlaginstrument
ist er sehr gefährlich, da ein Ochsenziemer schwere
Verletzungen hervorrufen kann. Ochsenziemer
werden auch als Futtermittel für Hunde hergestellt,
daher ist es vielleicht besser, sie Max zu überlassen.
Wär ja auch doof wenn der vierbeinige Freund das
Spielzeug wegfuttert.

Offene Beziehung

Beziehungsform, in der beide Partner die Freiheit erhalten, wissentlich andere (Sexual-)Partner zu haben. Vor allem für Paare, bei denen die sexuellen Präferenzen unterschiedlich sind ist das eine gute Möglichkeit, sich auszuleben. Es steht nun einmal nicht jeder auf die gleichen Dinge. Nach meiner Auffassung ist es besser, sich diese Reize anderswo zu holen als dies heimlich zu tun oder sich und den Partner zu verbiegen.

Ohrfeigen

Eine Ohrfeige ist ein Schlag ins Gesicht. Dieser Satz sagt schon vieles aus, anders als bei einem Schlag auf den Po ist bei einer Ohrfeige ein viel stärker wirkendes demütigendes Element im Spiel.

Orgasmusverbot

Teil eines ↑Spiels, bei dem der ↑Sub verboten wird, einen Orgasmus zu haben. Als zusätzliche Schwierigkeit kann sie stimuliert werden oder die Aufgabe bekommen, sich selber zu stimulieren. Orgasmusverbot ist ein Teil von ↑EPE (Erotic Power Exchange).

Outing
Offenlegung der eigenen
sexuellen Identität, vor sich
selber und vor anderen
Personen aus dem
persönlichen Umfeld. Ein

Outing findet dann statt, wenn die sexuelle
Identität von derjenigen der meisten Menschen
abweicht.

P

Paddle
Ein Paddle ist ein großflächiges Schlaginstrument,
das aufgrund seiner großen Oberfläche nicht so
schmerzintensiv ist wie ein Instrument mit einem
geringeren Querschnitt. Paddles gibt es aus
verschiedenen Materialien, zum Beispiel Holz,
Leder, Kunststoff oder auch Metall.

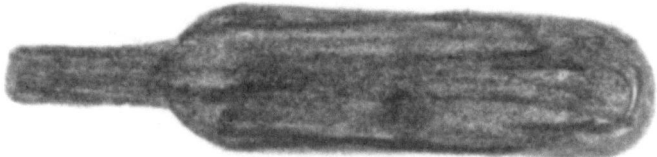

Ein Paddle ist gut zum Vorwärmen geeignet.
Hierbei wird mit mäßiger Kraft geschlagen, so dass
vor allem die Durchblutung der geschlagenen
Hautpartien steigt. Durch dieses Vorwärmen sinkt
das Risiko für ernsthafte Verletzungen, denn wenn
die Haut stärker durchblutet ist kann sie auch
besser Schläge abfedern.

Panikhaken

Ein Panikhaken ist ein Haken, der so konstruiert ist, das er auch unter Belastung leicht zu lösen ist. Ein Bild eines solchen Hakens ist auch weiter vorne abgedruckt.

Paraphilie

Eine Paraphilie ist ein Sexualverhalten, durch das jemandem Schaden zugefügt wird[24]. Der Begriff als solcher ist nicht so leicht zu definieren, so fehlt er beispielsweise im ↑ICD-10, dort ist nur von Störungen der Sexualpräferenz die Rede.

Partys

 In diesem Zusammenhang sind Partys gemeint, bei denen es um das Feiern im erotischen Kontext geht. Diese finden zumeist in Clubs statt und stehen oft unter einem Motto, das die Gestaltung des Abends vorgibt. Dabei kann es auch um BDSM gehen.

---

[24] Diagnose nach DSM-IV-TR, Paraphilie (stark gekürzt): Phantasien, sexuell dranghafte Bedürfnisse oder Verhaltensweisen beziehen sich auf ungewöhnliche nichtmenschliche Objekte, Leiden oder Demütigung von sich selbst oder anderen Menschen, auf Kinder oder andere Personen, die nicht einwilligungsfähig oder -willig sind. Phantasien oder Bedürfnisse verursachen Leiden oder Beeinträchtigung.

Peitschen
Sammelbegriff für eine Reihe von Schlagwerkzeugen, die mit einem oder mehreren Riemen ausgerüstet sind.

Penetration
Abgeleitet von lat. *penetrare* „eindringen, durchdringen" steht es oft als Synonym für den Geschlechtsverkehr.

Penetranz
Aufdringlichkeit. Verhalten, das oft von männlichen Personen im ↑Swingerclub gezeigt wird[25].

Penisring
Deutsche Bezeichnung für ↑Cockring.

Perversenaufschlag
Die meisten BDSM-Spielzeuge, die man in normalen Sexshops kaufen kann sind von minderer Qualität, oft kombiniert mit dem erhöhten Preis. Ein Ausweg ist der Weg in den Baumarkt und das Selberbasteln. Auf vielen Internetseiten gibt es auch schöne Bastelanleitungen.

---

[25] „Penetrant persistieren Penisträger periphär penetrationswilliger Paare." Das nennt man einen *Stabreim*, ich glaube ich weiß jetzt auch wieso...

Perversion

Nach dem latcinischen *perversio* „Verdrehung, Umkehrung" gebildete, veraltete Bezeichnung für ein Verhalten, das den eigenen Moralvorstellungen widerspricht. Vielfach wird es als abwertende Bezeichnung gebraucht.

Eine populäre Definition: Pervers ist, wenn man keinen findet, der mitmacht.

Petplay

Sonderform des ↑Spiels, bei dem der submissive Part die Rolle eines Tieres beziehungsweise Haustieres einnimmt. Als Rollenvorbilder werden für gewöhnlich Pony, Pferd, Hund, Schwein oder Kuh genommen, dagegen sind Mücke, Wal, Nacktmull und Grottenolm nicht üblich.

Plug

Ein Plug ist ein Objekt, das in eine Körperöffnung eingeführt wird. Dies kann anal geschehen (↑Buttplug) oder vaginal. Als Beispiel dafür ist der sogenannte Loveplug zu nennen, das ist ein Spielzeug aus Metall (normalerweise Edelstahl) das vaginal eingeführt wird und über eine Kette mit einer weiteren Kugel oder einem anderen Accessoire verbunden ist. Es gibt auch eine Version mit einem Blinklicht am Ende. So bekommt der Satz „Es geht mir ein Licht auf!" gleich eine neue Bedeutung.

Polygamie

Beziehungsform, bei der nicht nur mehrere Beziehungen parallel geführt werden, sondern bei der auch mehrere Partner geheiratet werden. Bei zwei solcher Ehen spricht man von Bigamie, bei mehreren von Polygamie.

In Deutschland ist Bigamie strafbar und wird mit Freiheitsstrafe bis zu drei Jahren oder Geldstrafe - und in der Regel mit zwei Schwiegermüttern - bestraft. Über den Zusammenhang von Polygamie und ↑Masochismus liegen noch keine Untersuchungen vor.

Polyamory

Die legale Variante der ↑Polygamie. Hierbei werden, mit Wissen aller Beteiligten, mehrere Liebesbeziehungen zu unterschiedlichen Personen parallel geführt, ohne jedoch gleich alle zu heiraten. Anders als bei der ↑offenen Beziehung, bei der neben einer „Hauptbeziehung" sexuelle Abenteuer erlebt werden, die nicht als Beziehung gelten, ist die Natur der polyamor geführten Beziehung eher gleichberechtigt.

Pranger

Im Mittelalter war der Pranger ein Strafinstument, bei dem der Delinquent für eine Zeit in demütigende Weise öffentlich ausgestellt wurde, wobei ein Hinweis auf seine Vergehen üblich war. Die Formulierung „jemanden an den Pranger stellen" zeugt auch heute noch von der Bedeutung als Ehrenstrafe.

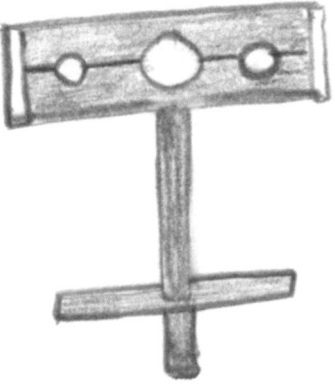

Es gab Varianten, die nur aus einem Pfahl bestanden, an dem der Delinquent gebunden wurde, jedoch auch eine Variante, in der der Delinquent mit Hals und Händen in eine verschließbare Holzplatte eingeschlossen wurde. Im BDSM gibt es den Pranger in der Form der verschließbaren Holzplatte als Spielzeug.
Hierbei wird die an den Pranger gestellte Person durch das einschließen des Halses und der Hände wehrlos gemacht und kann wahlweise gezüchtigt oder sexuell benutzt werden.

Pussypeitsche
Bezeichnung für ein Peitsche, (meist ein Flogger), die klein ist und von ihrer Wirkung her eher sanft. Ihren Namen hat sie von ihrem Einsatzgebiet.

„Pussy" ist hier eine liebevolle Bezeichnung für die weibliche Scham[26].

---

[26] Natürlich ist mir klar, dass ihr das wisst! Aber beschwert Euch nicht! Wenn es Euch zu einfach wird könnt ihr den Begriff ja überspringen…

Q

Queer

Queer ist ein Fremdwort aus dem Englischen und bezeichnet Dinge, die von der ↑Norm abweichen. Als Schimpfwort wurde es häufig als Synonym für schwul gebraucht, hat sich jedoch in der Bedeutung teilweise gewandelt, so dass es von manchen Leuten im Sinne eines neuen Selbstbewusstseins gebraucht wird. Als Satz könnte man es so formulieren: „Ich bin anders und das gefällt mir[27]!"

Quasselstrippe

Mensch mit sehr stark ausgeprägtem Mitteilungsbedürfnis. Gegenmaßnahme: ↑Knebel

R

Realsadismus / Realmasochismus

sind psychopathologische Erkrankungen. Beide haben mit dem erotischen Sadismus/Masochismus kaum etwas gemein.

---

[27] Ich habe lange gesucht, um ein Wort zu finden, das mit Q anfängt, aber mehr als eins habe ich nicht gefunden. Na gut, zwei…

Reizstrom

Spielart, bei der Strom, in für gesunde Menschen ungefährlicher Stärke, durch den Körper geleitet wird, was zu einem Reiz führt, der je nach Stärke anregend oder schmerzhaft ist.

Hierzu werden zum Beispiel ↑Tensgeräte verwendet, die ursprünglich zur externen Muskelanregung entwickelt wurden. Aufgrund der Gefahren von elektrischem Strom empfehle ich, vorher einen Workshop zu besuchen oder sich mit jemandem auszutauschen, der entsprechendes Fachwissen und Erfahrung mitbringt.

Ring der O

Der ursprüngliche Ring der O, wie er im Buch beschrieben ist, ist ein goldgefasster Ring aus Eisen mit einer auf einer Platte eingelegten goldenen ↑Triskele. In der ersten Verfilmung der „Geschichte der O" wurde ein Ring benutzt, auf dem ein zweiter kleinerer Ring in einer Kugel befestigt war.

Dieser Ring hat sich als Symbol im deutschsprachigen Raum durchgesetzt und wird von Anhängern des ↑BDSM als Erkennungszeichen getragen.

Üblicherweise ist es so, dass der Ring, an der linken Hand getragen, auf eine dominante Person hindeutet (die rechte Hand, die Peitschenhand bleibt ohne Ring). Devote Personen tragen den Ring rechts, Switcher können ihn an einer Kette um den Hals tragen. Da der Ring ein internes Zeichen der Subkultur ist, kann man nicht davon ausgehen, dass jeder umfassend über die Bedeutung informiert ist. Seid daher bitte vorsichtig, nicht jeder „Ringträger" ist ein BDSM-Anhänger. Nicht jeder, der den Ring um den Hals trägt, ist ein Switcher.

Vielleicht ist er auch nur mit einem Gesichtsausdruck wie ein Eichhörnchen, das unter Verstopfung leidet, unterwegs zu irgendeinem Vulkan, um den Ring dort der ortsüblichen Altmetallverwertung zuzuführen.

Ringknebel
Ein Ringknebel ist ein Ring, der mit zwei Bändern oder Gurten hinter dem Kopf befestigt wird. Er hindert am Sprechen, ermöglicht jedoch Oralverkehr mit der geknebelten Person[28].

---

[28] Vorausgesetzt der Ring ist groß genug. Lieber vorher nachmessen, sonst guckt man leicht wie ein Eichhörnchen mit Verstopfung.

Ritual

Ein Ritual ist eine nach festgelegten Regeln durchgeführte Handlung mit einem hohen Symbolgehalt. Im ↑BDSM spiclen Rituale eine wichtige Rolle. So ist beispielsweise das Anlegen eines Halsbandes ein ritualisierter Wendepunkt, ab dem eine ansonsten gleichberechtigte Partnerin in die Sklavinnenrolle wechselt.

Rohrstock

Der Rohrstock ist ein leichter und sehr flexibler Stock aus Rattan. Von der Verwendung ähnlich aussehender Stäbe aus Bambus ist abzuraten, da diese leicht splittern. Rohrstöcke neigen zum zerfasern, es gibt daher auch Exemplare mit einem Kunststoffüberzug, der das Zerfasern verhindert. Aufgrund des geringen Gewichtes werden Rohrstöcke gewässert, dadurch erhöht sich das Gewicht und die Intensität des Schlages.

Rollenspiel

In einem Rollenspiel werden Phantasien ausgelebt: Beide Partner übernehmen eine bestimmte Rolle und verhalten bzw. kleiden sich dementsprechend.

Rute

Züchtigungsinstrument aus Zweigen. Bei
Birkenzweigen wird ein
Bündel aus mehreren
zusammengebundenen
Zweigen verwendet, da die
Zweige sehr dünn und
biegsam sind.

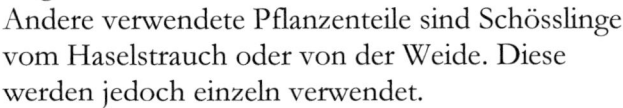

Andere verwendete Pflanzenteile sind Schösslinge
vom Haselstrauch oder von der Weide. Diese
werden jedoch einzeln verwendet.

S

Sadomasochismus

ist eine veraltete Bezeichnung, die Bandbreite der
Bedeutungen ist wesentlich geringer als bei der
heute üblichen Bezeichnung ↑BDSM. Von
Menschen, die nicht so gut informiert sind oft als
Synonym gebraucht.

Safeword

Abbruchcode beim Spiel. Es gibt *Safeword* (Abbruch
des Spiels), *Slowword* (Signal zur
Verlangsamung/Verringerung der Spielintensität)
und *Okaycodes* (Bestätigung, Anzeichen des
Wohlbefindens), mit denen der devote Part
signalisieren kann, wie es ihm geht. Das Safeword
ist als Absicherung des Spiels eminent wichtig.

Serva
Lateinische Bezeichnung für ↑Sklavin.

Session
Ein Spiel wird auch als Session bezeichnet. Damit wird der Zeitabschnitt der Zusammenkunft bezeichnet. Bei Personen, die dauerhaft zusammen leben ist der Zeitraum des eigentlichen Spielens gemeint.

Shades of Grey
Der Hype des Jahres 2012. Ein Buch, das ich persönlich nicht gelesen habe, das jedoch die Liebste gelesen hat. Währenddessen habe ich an diesem Buch geschrieben, und da sie mit Korrektur gelesen hat (des Öfteren kam der Hinweis von ihr ich sei ein Sicherheitsfanatiker, ich nehme dies mal als Kompliment), hat sie mir die entscheidenden BDSM-Szenen nacherzählt. Normalerweise lehne ich es ab, über Bücher zu urteilen, die ich nicht gelesen habe.
In diesem speziellen Fall haben die Liebste, mein Blutdruck und ich gemeinsam entschieden: Das lese ich nicht!

Shooting
Abkürzung für Fotoshooting. Auch im ↑BDSM-Bereich sind schöne Fotos ein kunstvoller Genuss. Für ein Shooting werden schon mal Situationen nachgestellt, die den Charakter des ↑Spiels szenetypischer darstellen, also zum Beispiel ein Spiel in einem alten Gewölbe mit Anzug und Krawatte statt in der Jogginghose zuhause an dem Haken an dem sonst die Blumenampel hängt (wenn Tante Hildegard zu Besuch kommt).

Singletail
Bezeichnung für eine ↑Peitsche mit einem Riemen, zum Beispiel eine ↑Bullwhip.

Sinnesentzug
Durch Entzug von Sinneseindrücken, wie zum Beispiel Augen verbinden, kommen die verbleibenden Sinne viel stärker zur Wirkung.

Sklavenvertrag
Vertrag, der zwischen ↑Top und ↑Sub geschlossen wird und den Sklavenstatus der Sub zum Gegenstand hat. Rechtlich gesehen ist ein solcher Vertrag nichtig, da er *sittenwidrig* ist. Trotzdem werden Sklavenverträge vielfach ins ↑Spiel eingebaut.

Sklavin

Bezeichnung einer submissiven weiblichen Person.
Eine genauere Abgrenzung zwischen den
Bezeichnungen ↑Sub, Sklavin, ↑Serva und ↑Bottom
wird vielfach diskutiert, manches ist einfach
Geschmacksache.

Sling

Feste Ledermatte, die an vier oder mehr ↑Ketten
aufgehängt ist. Ähnlich wie eine ↑Liebesschaukel
ermöglicht eine Sling ein fast schwebendes ↑Spiel.

S/M oder auch SM

Abkürzung für Sado/Maso

Spanischer Reiter

Auch „Spanischer Bock", „Spanisches Pferd" oder
„Strafesel" genannt. Ein Spanischer Reiter ist ein
mittelalterliches Folterinstrument, bei dem der
Delinquent auf einem Balken sitzt, so dass das
gesamte Körpergewicht zwischen den Beinen
getragen werden muss. Die Variante, die im
↑BDSM verwendet wird ist so bemessen, dass die
auf dem spanischen Reiter sitzende Person den
Boden auf Zehenspitzen berührt. Dieses Stehen auf
den Zehenspitzen ist sehr anstrengend, daher lässt
sie sich auf dem Balken nieder. Das ist
schmerzhaft, also wechselt sie wieder zum Stehen
auf den Zehenspitzen. Dieser Wechsel aus Sitzen
und Stehen erinnert an das Reiten auf einem Pferd,
daher rührt der Name „Spanischer Reiter".

Spanking

Sammelbezeichnung für Spiele, bei denen Schläge auf das Gesäß ausgeführt werden. Das Schlagwerkzeug ist dabei von untergeordneter Rolle. Es kann ein ↑Paddle sein, ein ↑Flogger, ↑Rohrstock oder die bloße Hand. Voraussetzung ist die Einvernehmlichkeit. Schläge auf das Gesäß, die ohne grundlegendes Einverständnis des Gesäßinhabers erfolgen sind je nach Situation Körperverletzung, sexuelle Belästigung oder beides.

Spiel

Wenn BDSMler miteinander ihre sexuellen Vorlieben ausleben bezeichnet man das als Spiel. Es umfasst als Sammelbegriff alle praktizierten Tätigkeiten, die im Zusammenhang mit dem ↑BDSM stehen.

Spielbeziehung

Wenn zwei Menschen eine Spielbeziehung haben, bedeutet das, dass sie gemeinsam ↑BDSM praktizieren, im „normalen Leben" jedoch keine Beziehung führen.

Spielname

Manche ↑Subs erhalten einen Spielnamen. Das ist ein Name, der mit dem richtigen Namen der Sub nicht identisch ist und nur im ↑Spiel verwendet wird. Dies kann mehrere Gründe haben: Wenn ein Spiel eine literarische Vorlage hat, dann kann der Name eine Hommage an die Vorlage sein.

Der Name kann ein Nickname sein, der auch im Internet benutzt wird, wodurch in der Realität die Identität geschützt wird. Eine weitere Möglichkeit ist, dass der Name eine besondere Bedeutung hat und deswegen verliehen wird. So einen Namensverleihung kann auch ritualisiert erfolgen und im Rahmen eines Spieles stattfinden.

Paare, die auch im Leben außerhalb des Spiels zusammen sind können den Spielnamen situationsbedingt einsetzen, so dass der ↑Dom den Spielnamen benutzt, wenn er möchte, dass die Sub ein entsprechendes Verhalten zeigt. In diesem Fall dient der Spielnamen einer Kommunikation, die für Außenstehende nicht ohne weiteres ersichtlich ist.

Spielzeug
Als Spielzeug werden in diesem Fall jegliche Arten von Hilfsmitteln bezeichnet, die explizit für BDSM-Spiele verwendet werden. Das müssen nicht nur reine BDSM-Spielzeuge sein, auch Sexspielzeug oder speziell für das Spiel zweckentfremdete Haushaltsgegenstände fallen darunter. Hat man beispielsweise einen Pfannenwender, der sich vorzüglich zum Vorwärmen beim ↑Spanking eignet, zählt er zum Spielzeug. Wenn man den aus der Küche nimmt, gilt das nicht[29].

---

[29] Ich habe daher gleich zwei gekauft.

Spielzimmer
Als Spielzimmer bezeichnet man einen speziell zum
Spielen genutzten Raum, üblicherweise in einer
Privatwohnung. Spielzimmer in Clubs werden als
SM-Raum bezeichnet. Menschen, die nicht über
den Luxus eines eigenen Spielzimmers verfügen (es
ist lästig, aber Dienstmädchen und Chauffeur
müssen ja auch irgendwo untergebracht werden),
nutzen auch andere Zimmer, die durch
entsprechende multifunktionale Möbel oder
Zusatzeinrichtungen wie zum Beispiel stabile
Deckenhaken spieltauglich gemacht werden.
Im Internet gibt es viele kreative Bauanleitungen,
zum Beispiel Kombinationen aus ↑Andreaskreuz
und Bücherregal.

Spreizstange
Eine Spreizstange ist ein aus Holz oder Metall
gefertigtes Fesselhilfsmittel. Sie besteht aus einem
langen Stab, der am Ende Haken oder Ösen
aufweist. Die Länge ist entweder fest oder lässt sich
verstellen. Die Spreizstange wird zwischen Arm-
oder Fußfesseln angebracht und verhindert so
bestimmte Bewegungen.

SSC

Abkürzung für „*Safe, Sane* and *Consensual*", auf Deutsch: „*Sicher, Gesund* und *Einvernehmlich*".

Stammtisch

Ein Stammtisch, in diesem Fall ein BDSM-Stammtisch, ist eine sehr gute Möglichkeit, Gleichgesinnte kennen zu lernen und gleichzeitig sein Wissen zu vermehren. Stammtische gibt es in vielen größeren Städten und ich empfehle jedem Interessierten einen Besuch.

Steinlaus

Die Steinlaus (*Petrophaga lorioti*) ist ein von Loriot gezeichnetes, fiktives Nagetier, dass sich gerne auch in Wörterbücher und Lexika hereinmogelt. Nach dem medizinischen Wörterbuch Pschyrembel hat sie es offensichtlich auch in diese Liste geschafft.

Stino

Etwas abwertende Bezeichnung, gebildet aus den Anfangsbuchstaben von **Sti**nk**no**rmal. BDSMler verwenden diese Bezeichnung für Nicht-BDSMler wenn sie diese herabwürdigen wollen. Alternativ wird auch die Bezeichnung „Vanilla" verwendet. Dies rührt daher, dass Vanille die am häufigsten verzehrte Eissorte ist.

„Vanilla" ist daher eine Anspielung darauf, dass man als BDSMler nicht das tut, was alle tun[30].

Strafbuch
Buch, in das ↑Sub ihre Verfehlungen einträgt und die dann beim Spiel entsprechend „gewürdigt" werden.

Strappado
Fesselmethode, bei der die Hände hinter dem Rücken zusammengebunden und anschließend nach oben gezogen werden. Vorsicht: Nicht die Schultern auskugeln!

StrapOn
Ein ↑Dildo, der mit Gurten befestigt wird. Üblicherweise benutzt von Frauen, die diesen Dildo dort befestigen wo Männer bereits etwas Vergleichbares serienmäßig haben.
Es gibt auch Varianten die am Oberschenkel befestigt werden[31].

Streckbank
Mittelalterliches Folterinstrument, das heutzutage außer zu Fotozwecken wenig Verwendung findet.

---

[30] Liebes Dr. Sommer-Team, ich bin dominant, esse aber trotzdem gerne Vanilleeis. Bin ich jetzt ein Switcher? Viele Grüße, Euer Stefan aus Essen.
[31] Womit die Aufforderung „Fick dich doch ins Knie!" gleich eine neue Bedeutung bekommt.

Striemen

Striemen sind Bereiche der Haut, die sich durch meist dunklere Färbung abzeichnen und oft auch geschwollen sind. Striemen entstehen, wenn Schläge mit Instrumenten ausgeführt werden,

die einen geringen Querschnitt haben. Beispiele sind ↑Gerte, ↑Rohrstock oder ↑Peitschen.

Stromspiele

Spiele, bei denen elektrischer Strom zum Einsatz kommt. Siehe auch unter ↑Reizstrom

Sub(missiv)

Submissiv bedeutet unterwürfig, in der Abkürzung „Sub" wird es auch für eine unterwürfige Person verwendet. Manche ziehen es auch vor, „Sub" in der Kleinschreibung (also „sub") zu verwenden, um den unterwürfigen Status auch orthografisch zu untermauern (ähnlich wie bei der Abkürzung „D/s").

Ich habe in diesem Buch durchgehend „Sub" groß geschrieben, um allen Subs Respekt zu zollen. Respekt gehört für mich zum ↑BDSM wie die Luft zum Atmen!

Eine weitere Bezeichnung, die häufiger auftaucht ist „Subbie" oder „Subbielein". Meist möchte der Sprecher damit seine Zuneigung ausdrücken.

Swinger/Swingerclub

Swinger sind Menschen, die ihre Sexualität unabhängig von gängigen Moralvorstellungen offen praktizieren. Dazu gehören auch Praktiken wie Partnertausch und Gruppensex. Das kann auf Partys oder in Swingerclubs passieren. Die obersten Grundsätze sind „Alles kann, nichts muss" und „Ein Nein ist ein Nein".

Switcher

Kommen wir nun zu einer Spezies, die für viele eine Reihe von Fragen aufwirft: Der Switcher. Der Switcher ist die Analogie zum Gestaltwandler, er ist je nach Situation/Person dominant oder devot.

Der Hinweis auf den Gestaltwandler mag vielen als eine Diskriminierung erscheinen, er ist es jedoch keinesfalls. Für jemanden, der sich eindeutig einer bestimmten Rolle zugehörig fühlt (für die, die es noch nicht gemerkt haben sollten: Bei mir ist dies die dominante Rolle), ist es nicht einfach, zu verstehen, wie jemand beide Seiten gleichermaßen ausleben kann. Um dies hier klarzustellen: Verständnis für manche Dinge ist nicht erforderlich. Ich verstehe auch nicht, was genau in jemandem vorgeht, der Freude daran findet, geschlagen zu werden. Ich bin lieber die Person am dickeren Ende der Gerte. Trotzdem heißt es nicht, dass ich meinem Gegenüber weniger Respekt zolle. Doch zurück zum Thema.

Es gibt Switcher, die ihre Rolle unabhängig von der Person situationsabhängig verändern, andere sind gegenüber einer Person dominant und gegenüber einer anderen devot.

Szene

Die Szene ist soziokulturell eine Gruppe, die durch gemeinsame Interessen verbunden ist.

Sie ist Teil einer Subkultur[32]. Bezogen auf ↑BDSM ist die Szene die Gruppe derjenigen, die sich dafür interessieren und untereinander Kontakte pflegen.

T

Tabu

Die ursprüngliche Bedeutung eines Tabus ist „eine Handlung, die durch Sitte verboten ist". Diese Definition trifft nicht ganz die heutige Bedeutung. Nach Tabus wird oft gefragt, dabei sind diejenigen Dinge gemeint, die derjenige auf keinen Fall praktizieren möchte.

---

[32] So, und hier ist Sub mal für alle gültig, also ist auch ein Dom Teil der Sub-Kultur. Und jetzt alle Subs im Chor: Neeneeneeneeneeeeeneeeee!

Tabus, die häufig genannt werden, sind „bleibende Spuren[33]", „illegales[34]" und „alles was ins Klo gehört[35]". Tabus können aber auch persönlicher sein und beispielsweise bestimmte Sexualpraktiken beschreiben. Wichtig ist, dass Tabus *niemals* verletzt werden.

Tensgerät
Ein Tensgerät ist ein Gerät, das ursprünglich entwickelt wurde, um Muskeln mit elektrischen Strom gezielt zu reizen. Dabei werden Elektroden auf die Haut geklebt oder anders am Körper befestigt und geben so gezielt Impulse ab.

TFP
Abkürzung, die in der Fotografie verwendet wird. Sie steht für „time for prints" beziehungsweise „time for pictures". Hierbei kommt es zu einer Vereinbarung zwischen Fotograf und Modell, bei der das Modell durch die Resultate des Shootings (entweder Papierbilder „prints" oder Fotos auf einer CD) entlohnt wird. In der Regel können beide Seiten dann die Bilder nutzen.

---

[33] Was muss ich darunter verstehen? Striemen verschwinden nach ein paar Tagen. Glaubt ihr etwa wir wollen Euch einen Arm abhacken?
[34] Verständlich. In Oklahoma ist Oralsex illegal. Denkt da eigentlich irgendjemand drüber nach?
[35] Shades of… Lassen wir das.

Top
Bezeichnung für eine dominante Person.

Topping from the bottom
Unerwünschtes Verhalten, bei dem die ↑Sub
versucht vorzugeben, wie eine ↑Session laufen soll.

TPE, Total Power Exchange
Konzept, bei dem sich der devote Part in allen
Lebensbereichen dem dominanten unterwirft.

Triskele
Die Triskele ist ein altes Symbol,
das aus drei radial angeordneten
symmetrischen Formen besteht.
Dabei kann es sich um
Kreisbögen, Spiralen, Beine oder
Hasen handeln[36]. Die Dreiheit der Symbole weist
auf etwas hin, beispielsweise Vergangenheit,
Gegenwart und Zukunft oder eine andere Trias. Im
↑BDSM gibt es eine Triskele, die an das asiatische
Yin-Yang erinnert, aber statt zwei Segmenten drei
aufweist. Sie ist als Erkennungszeichen üblich. Die
Dreiheit steht hier für die Rollenverteilung in ↑Top,
↑Bottom und ↑Switcher.

---

[36] Ich mache keine Witze, es gibt das so genannte
„Dreihasenfenster" im Paderborner Dom (ja, hier ist mal eine
Kirche gemeint…), bei dem sich drei Hasen, die im Kreis
angeordnet sind, drei Ohren teilen.

Tunnelspiel

Als Tunnelspiel bezeichnet man Spielarten, bei denen es nach Beginn des ↑Spiels nicht möglich ist, diese vorzeitig abzubrechen.
Ein Beispiel, das häufiger genannt wird ist der Einsatz von Wärme erzeugender Salbe.

Ist diese einmal auf den Körper aufgetragen, setzt die Wirkung ein und lässt sich nicht vorzeitig abmildern. Wie einen Tunnel muss man diese Phase durchqueren, daher auch die Bezeichnung.

U

Umschlagen

Als umschlagen (auch ↑Wraparound) bezeichnet man den Effekt, bei dem ein flexibles Schlaginstrument - beispielsweise eine ↑Peitsche - ein gutes Stück vom Ende auf den Körper trifft. Dabei wird das Ende, das sich dann hinter der Aufprallstelle befindet sehr stark beschleunigt, wickelt sich um den Körper herum und trifft sehr schmerzhaft auf.

Uniform

Eine Uniform ist eine einheitliche Art der Bekleidung, die hauptsächlich im militärischen Kontext anzutreffen ist. Uniformen - in diesem Zusammenhang häufig fantasievoll gestaltete uniformähnliche Kleidung[37] - werden von manchen Menschen als ↑Fetischkleidung getragen. Aufgrund des Selbstverständnisses dürfte klar sein, dass es sich bei solchen Uniformen eher um bedrohlich aussehende Kleidung handelt. Ein Dom, der in einer Uniform der Schweizergarde oder in einer Uniform der städtischen Bediensteten[38] daherkommt, würde vermutlich einen wenig souveränen Eindruck hinterlassen und Gelächter verursachen.

V

Vanilla

Bezeichnung für eine Person, die nicht zur BDSM-Szene gehört. Im Gegensatz zur Bezeichnung ↑Stino ist Vanilla nicht so abwertend.

---

[37] Das unberechtigte Tragen von Uniformen oder uniformähnlicher Kleidungsstücke, das zu Verwechslungen führen könnte, ist in Deutschland strafbar.
[38] Orangefarbene Latzhose mit zwei Reflexstreifen, passende Jacke und Pudelmütze.

Verhör
Rollenspiel, in dem eine Verhörsituation nachgestellt wird.

Verleih
Das BGB definiert Verleih als unentgeltliche Überlassung einer Sache zum Gebrauch, wobei nach Gebrauch dieselbe Sache zurückzugeben ist. Im Zusammenhang mit BDSM trifft diese Definition nicht ganz zu, aber wenn man „Sache" durch „Sub" ersetzt ist man nah dran.

Vorführung
Bei einer Vorführung wird die ↑Sub durch den ↑Dom in eine Situation gebracht, in der sie anderen Personen präsentiert wird. Je nach Situation kann es auch zur Mitwirkung der Zuschauer kommen.

Voyeurismus
Freude am Zusehen. Der Voyeur zieht seine Befriedigung aus der (heimlichen) Betrachtung. Im Idealfall ergänzen sich Voyeure und ↑Exhibitionisten, dann sind alle zufrieden.

W
Wachs

 Hier ist bei der Erwähnung von Wachs nicht Bienenwachs gemeint, sondern synthetische Wachse. Üblich ist eine Mischung aus Stearin und Paraffin. Bei Wachsspielen wird heißes Kerzenwachs auf den Körper getropft. Die Art des Wachses und die Höhe, aus der getropft wird, bestimmen die Schmerzintensität.

Auf keinen Fall ist dafür Bienenwachs zu verwenden, da dieses viel zu heiß wird. Auch farbige Kerzenwachse sind ungeeignet, denn auch diese können zu heiß werden und so zu Verbrennungen führen.

Entweder benutzt Ihr weiße Haushaltskerzen oder spezielle Kerzen aus dem Erotikfachhandel. Dort gibt es auch gefärbte Kerzen, die eine nicht so hohe Temperatur entwickeln und in BDSM-typischen Farben erhältlich sind (Schwarz, nicht Pink!).

Ein kleiner Praxistipp: Kerzenwachs geht nachher besser wieder ab, wenn man die Person, die betropft wird, vorher mit Babyöl[39] einreibt.

Da auch gerne mal ein Tropfen Wachs daneben geht, ist es ratsam, eine Unterlage zu verwenden. Hierzu empfehle ich Malervlies, das ist preiswert, leicht zuzuschneiden und knistert nicht so blöd wie Malerfolie.

---

[39] Sonnenblumenöl macht man aus Sonnenblumen, Rapsöl macht man aus Raps, woraus macht man Babyöl?

Wraparound
Englischer Begriff für das
↑Umschlagen.

Wunschzettelsub
Abfällige Bezeichnung für eine ↑Sub, die selber
genau bestimmen möchte, die eine ↑Session
abzulaufen hat. Um das hier klarzustellen: Es ist
nicht gemeint, dass man die Vorstellungen und
Abneigungen der Sub ignoriert. Kein
verantwortungsvoller ↑Dom würde das tun! Um es
mit einem Bild zu formulieren könnte man sagen:
Die Rolle wird vorher festgelegt, das Drehbuch
bestimmt der Dom.

X
Xylophon
Hat zwar nichts mit ↑BDSM zu tun aber irgendein
Wort mit X muss ja hier stehen.

Y

Yeti

Der Yeti ist nahezu ausgestorben. Er taucht praktisch nur noch am Himalaya auf, wo er Bergsteiger erschreckt. Außerdem mogelt er sich gerne in Lexika und ist dort ein gern gesehener Gast, denn ohne Ihn fehlen sinnvolle Worte mit Y.

Oder wäre Euch Yamswurzel lieber gewesen?

Z

Zaumzeug
Geschirr, das beim ↑Petplay einer ↑Sub angelegt wird, die als Pony verkleidet ist[40].

Zofe
Bezeichnung einer ↑Sub, die – oftmals in Dienstmädchenuniform – feste Aufgaben hat, wie das Bedienen der Gäste.

Züchtigung
Sammelbegriff für die Ausführung von Körperstrafen bzw. ↑Spanking.

---

[40] Mal ehrlich: Ein Hamster mit Zaumzeug sähe ja auch bescheuert aus…

Links und Empfehlungen

Wissen
www.datenschlag.org
datenschlag.org/papiertiger
www.bdsm-test.com

Basteln
www.schlagkraeftig.at
www.sm-bastel-ecke.de
www.selbstgebaut.net
www.fesseln-basteln.com

Kontakte
www.joyclub.de
www.sklavenzentrale.com
www.frivolerotische-kneipe.de

Fotos
Stefanie Haas:
www.durch-meine-augen.de

Tanja Grede:
www.tld-portraits.de

Micha Wimmershof
www.grossformat-fotografie.de

CSD Köln
www.colognepride.de
www.koeln.de/